suhrkamp taschenbuch 4592

W0194348

In der österreichischen Botschaft in Tokio, im Stadtteil Roppongi, wo man mir das Ableben meines Vaters mitteilte, schaute ich, vor einer großen Glasscheibe stehend, auf einen Teich hinaus, an dessen Rand soeben ein Reiher aufsetzte. Der tote Vater läßt sich also, dachte ich in diesem Augenblick der Trauer und des Glücks, in der Gestalt eines weißen Reihers noch einmal bei mir blicken, bevor er unter die Erde geschaufelt wird mit seinen langen, dünnen roten Beinen, mit seinem erdig gewordenen spitzen, langen Schnabel, auf der Suche nach den Würmern seines zukünftigen Grabes in Roppongi. Der Tod des fast hundertjährigen Vaters kam wie gerufen, sein Fluch ging in Erfüllung, ich reiste nicht zurück zu seinem Begräbnis nach Österreich, sondern blieb in Roppongi, denn ein Jahr zuvor hatte mich der Alte beschworen, seinem Begräbnis fernzubleiben, weil ich es nicht müde geworden war, den seligen Frieden meines katholischen Kärntner Heimatdorfes mit meiner Schreibhand zu durchkreuzen. Die Erinnerungsgeschichte *Roppongi – Requiem für einen Vater* führt den Leser an Schauplätze in Japan, Kärnten und Indien.

Mutter und der Bleistift, das Requiem für eine Mutter, ist in Indien, Kiew und Südfrankreich entstanden. Als ich in der Église in Lagrasse eine Frau beobachtete, die in der Muschel des trockenen Weihwasserbeckens die Kalkreste berührte und ein Kreuzzeichen machte, erinnerte ich mich an eine Zeit, als das Weihwassertrinken noch geholfen hat, und an meine schweigsame Mutter an der Singer-Nähmaschine, die zu mir, dem Erzministranten, sagte: »Bring mir wieder eine Flasche Weihwasser aus der Kirche!« Gleichzeitig forderte sie mich, ihren am Küchentisch kritzelnden Sohn und Linkshänder auf, den Bleistift in die rechte Hand zu nehmen. Monatelang rief sie: »Wirst du wohl den Bleistift in die schöne Hand nehmen?!« Zur Beerdigung legt ein Gehilfe des Bestatters im Auftrag des Sohnes, aus dem ein Schriftsteller geworden ist, der verstorbenen Mutter als letzte Gabe eine Glasflasche voll Weihwasser in den Sarg.

Josef Winkler, geboren 1953 in Kamering (Kärnten), lebt in Klagenfurt. Zuletzt erschienen: *Winnetou, Abel und ich* (2014); *Wortschatz der Nacht* (2013); *Die Realität so sagen, als ob sie trotzdem nicht wär oder Die Wutausbrüche der Engel* (2011). 2008 wurde er für sein literarisches Werk mit dem Georg-Büchner-Preis ausgezeichnet.

Josef Winkler

Abschied von
Vater und Mutter

Suhrkamp

Abschied von Vater und Mutter vereinigt die beiden Texte
Roppongi. Requiem für einen Vater (2007)
und *Mutter und der Bleistift* (2013).

Umschlagabbildung:
Utagawa Hiroshige, *Minowa, Kanasugi, Mikawashima,*
Nr. 102 der Farbholzschnittreihe *100 berühmte Ansichten von Edo,*
1857, Brooklyn Museum.

Erste Auflage 2015
suhrkamp taschenbuch 4592
© Suhrkamp Verlag Frankfurt am Main 2007;
Suhrkamp Verlag Berlin 2013
Suhrkamp Taschenbuch Verlag
Alle Rechte vorbehalten, insbesondere das
der Übersetzung, des öffentlichen Vortrags sowie der Übertragung
durch Rundfunk und Fernsehen, auch einzelner Teile.
Kein Teil des Werkes darf in irgendeiner Form
(durch Fotografie, Mikrofilm oder andere Verfahren)
ohne schriftliche Genehmigung des Verlages reproduziert
oder unter Verwendung elektronischer Systeme
verarbeitet, vervielfältigt oder verbreitet werden.
Satz: Satz-Offizin Hümmer, Waldbüttelbrunn
Druck und Bindung: Druckhaus Nomos, Sinzheim
Umschlaggestaltung: Hermann Michels und Regina Göllner
Printed in Germany
ISBN 978-3-518-46592-9

ROPPONGI. Requiem für einen Vater   7

Dhrupad und das Aussterben der Geier
Reisevorbereitungen auf dem Lande
Zeit der Gladiolen
Der am Flußufer eingeeiste Sarg
Roppongi
Tausend und eine Nacht
Die Ankunft in Varanasi
Mahashmashana – Die große Verbrennungsstätte
Der Ritus des Schädels
Die roten indischen Notizbücher
Die Glocken von Santa Fé

MUTTER UND DER BLEISTIFT   165

Da flog das Wort auf
Mutter und der Bleistift

ROPPONGI

Komm, Väterchen, und sieh:
Die kahlen Bäume mehren sich.
Komm nur heraus und nimm dein Brett.
Jetzt wird es Zeit zu gehen.

Narayama-Lied

DHRUPAD
UND DAS AUSSTERBEN DER GEIER

»Auf dem Narayama wohnte ein Gott. Alle, die zum Narayama gegangen waren, hatten ihn gesehen. Darum gab es niemand, der daran zweifelte. Da jeder wußte, daß es den Gott wirklich gab, feierte man ein Fest, das man mit besonderer Sorgfalt vorbereitete, wie sie auf keine andere Feierlichkeit verwandt wurde. Schließlich war es, als hätte es immer nur ein einziges Fest, nämlich das Narayamafest gegeben. Und da es außerdem unmittelbar vor dem Totenfest stattfand, waren das Toten-Lied und das Narayama-Lied schließlich miteinander verschmolzen.«

IM FEBER DES JAHRES 2002 schrieb ich an den Schriftsteller Bodo Kirchhoff eine Ansichtskarte aus dem indischen Varanasi nach Frankfurt mit den Worten: »Stell dir vor, Bodo, du wirst es nicht glauben, in Indien sind die Geier fast ausgestorben. Sie hockten einen Monat lang bewegungslos auf den Bäumen und plumpsten dann – wie Steine – tot zu Boden. Millionen müssen es in ganz Indien gewesen sein. Nur im Bundesstaat Rajasthan soll es noch welche geben. Ich sage immer: Vor den Dichtern sterben die Geier. Daran wird die Welt untergehen, dabei, Bodo, haben wir keine schlechte Zeit gehabt in den letzten zwanzig Jahren, seit 1979, als unsere ersten Bücher erschienen sind mit viel Eifer und viel Zorn. Schöne Grüße aus Indien: Josef (Winkler).« Jetzt, während ich zu schreiben beginne und sage, daß die Geier in Indien fast ausgestorben sind, höre ich Dhrupad. Dhrupad ist die Urform der klassischen indischen Musik, der älteste Stil nordindischer Kunstmusik, die im Laufe des 15. und 16. Jahrhunderts zu ihrer endgültigen Ausprägung gelangte, die noch heute existiert und deren Ursprünge auf die Veden zurückgehen. Die Struktur von Dhrupad soll bis ins 8. Jahrhundert zurückreichen. Einer Legende zufolge gaben die indischen Götter den Menschen die Musik zum Spiel, um das Böse auf Erden zu zerstreuen. Dhrupad wurde zur Grundlage der gesamten nordindischen Kunstmusik. Die Aufführung eines Ragas soll das Publikum nicht unterhalten. Das Raga stellt vielmehr ein Gebet dar, einen Ausdruck religiöser Gefühle, und versucht, im Zuhörer das Bewusstsein Gottes zu erwecken. Jahrhunderte mündlicher Überlieferungen von Lehrer zu

Schüler sicherten diesen Stil bis in die heutigen Tage. Sein Können ermöglicht es dem Sänger, eine weite Palette von Klangfarben und subtilen mikrotonalen Schattierungen zu erzeugen. Der Sänger, so heißt es, spielt mit seinem Atem das von Gott erschaffene Instrument.

Der große Dhrupadsänger Fahimuddin Daggar sagte zu den Grundmerkmalen der klassischen indischen Musik: »Laut der indischen Mythologie zeigt Musik den Weg zu Moksha, zur Befreiung also. Unsere Vorfahren widmeten ihre Musik dem allmächtigen Gott, um dadurch Moksha zu erlangen. Unsere Hindureligion ist anscheinend die einzige in der ganzen Welt, die den Glauben an die Seelenwanderung beinhaltet. Über Jahrtausende war der Mensch nicht imstande, sich aus dem Zyklus von Leben und Tod zu lösen. Der göttliche Zweck der Menschheit besteht darin, Moksha zu erlangen, und ohne Moksha kann sich die Seele nie endgültig von ihrer sterblichen Hülle befreien. Musik ist nur einer von verschiedenen Wegen, die zu diesem Ziel führen.« Aber nein, ich schalte das Radio wieder aus, ich kann nicht gleichzeitig schreiben und Dhrupad hören, ich muß mir die Musik bei einer anderen Gelegenheit anhören. Vor allem dann, wenn ich pausenlos in meinem Zimmer auf und ab gehe und dabei immer wieder auf das Radio hinstarre, oder auch nachts vor dem Einschlafen und zum Einschlafen, wenn ich längst wegträume, singt für mich Fahimuddin Daggar Dhrupad und verwischt, bevor ich ganz schlafe, während die Musik immer noch weiterläuft, die Hinterglasmalerei eines Bildes aus meiner Kindheit, als ich mich vor dem Einschlafen auf das Kopfkissen kniete, die Hände faltete, aufs große Heiligenbild schaute, das Schutzengelmein betete und, unter die Wolldecke schlüpfend, mit meinen

nackten Zehen an den heißen, mit einem Tuch umwik-
kelten Ziegel stieß in der eiskalten Winternacht, den ich
in der Küche auf den noch heißen Sparherd gelegt und,
wenn er heiß genug war, ins Schlafzimmer getragen und
am Fußende ins Bett hineingesteckt hatte. Ich kann jetzt
also nicht Dhrupad hören, nicht jetzt und heute beim
Schreiben. Ich stelle das Radio aus und kehre wieder zu
den Geiern zurück.

Innerhalb von zehn Jahren sind in Indien, Pakistan und
Nepal Millionen von Indischen Geiern, Bengalengeiern
und Schmalschnabelgeiern gestorben. Je nach Art haben
lediglich ein bis drei Prozent der Aasvögel überlebt. Die
betroffenen Tiere zeigten gichtähnliche Symptome und
starben schließlich an Nierenversagen. Einen Monat lang
hockten sie unbeweglich auf den Bäumen, ließen ihre
Köpfe tief, fast zwischen ihre Beinen hinunterhängen und
plumpsten von den Ästen. Während zunächst eine noch
unbekannte Virusart vermutet wurde, fanden Forscher
inzwischen heraus, daß das Medikament »Diclofenac«
Hauptverursacher des Massensterbens der Geier ist. Dieses aus der Humanmedizin stammende, entzündungs-
hemmende Schmerzmittel wird seit den Neunzigerjahren
in Indien, Pakistan und Nepal auch in der Tiermedizin
eingesetzt, vor allem bei Rindern. Die Geier nahmen den
Wirkstoff über Haustierkadaver auf.
Noch immer bringen die Menschen die Kadaver der heiligen Kühe, die nicht geschlachtet und verspeist werden
dürfen, auf Müllhalden an die Stadtränder, wo sie gehäutet werden, aber statt der Aasgeier tummeln sich nun-
mehr Meuten von Straßenhunden auf den Kadaverde-
ponien, eine gefährliche Seuchenquelle für Mensch und

Tier. Innerhalb von zwanzig Minuten wurde ein Kuhkadaver von den Geiern skelettiert. Die Vermehrung der Hunde erhöht die Tollwutgefahr für die Menschen. Geier haben eine so starke Magensäure, daß ihnen Cholera und Milzbrand nichts anhaben können, und sie sind durch ihr Immunsystem vor den Erregern im verwesenden Fleisch geschützt, aber jetzt tragen wilde Hunde und Krähen die lebensgefährlichen Erreger zu Mensch und Tier in die Dörfer und Städte.

Außerdem haben Geier in Indien eine besondere Bedeutung für die 120000 Parsen. Nach ihrem Glauben darf ein menschlicher Leichnam nicht die Elemente Erde, Wasser und Feuer beschmutzen. Traditionell bieten die hauptsächlich in der Region um Bombay lebenden Parsen ihre Toten den Geiern in Steintürmen, den »Türmen des Schweigens«, zum Fraß dar. Diese Bestattungsmethode wurde nun untersagt, da es nicht genügend Geier gibt, die die menschlichen Überreste verschlingen können. Aus der Geschichte weiß man, daß Geier, die in der Bibel als »Greuel« beschrieben werden, seit Jahrhunderten den Armeen nachgeflogen sind, etwa im amerikanischen Bürgerkrieg. Bei der Schlacht von Gettysburg gab es so viele Gefallene, daß gesagt wurde, die Geier hätten sich an den Leichen so vollgefressen, daß sie nicht mehr fliegen konnten, tagelang hockten sie zwischen den menschlichen Leichen, vor Übergewicht konnten sie nicht mehr auf den eigenen Beinen stehen und taumelten zwischen den toten Soldaten herum. In der Serengeti konsumieren Geier mehr Fleisch als Löwen, Hyänen und Leoparden zusammen. Man hat errechnet, daß die berühmte Savannenlandschaft der Serengeti über einen Meter tief unter Tierleichen begraben wäre, gäbe es nicht die Geier. In

Spanien, wo es dank Schutzmaßnahmen wieder etwa 70 000 Gänsegeier gibt, benützen die Bauern die Geier als Bestatter. Anstatt zur teuren Tierkörperverwertung zu fahren, werfen sie ihre toten Haustiere den Geiern zum Fraß vor, in eigens eingerichteten sogenannten »Geier-restaurants«.

REISEVORBEREITUNGEN
AUF DEM LANDE

»Vor der Wallfahrt zum Narayama mußte sie sich auf jeden Fall – ganz gleich wie – eine Lücke in die Zähne schlagen, dachte sie. Wenn sie die Wallfahrt zum Narayama beginnen und sich auf das Brett setzen würde, das sich Tappei auf den Rücken geschnallt hätte, wollte sie wie eine schöne alte Frau mit lückenhaften Zähnen aussehen. Darum versuchte sie heimlich, sich die Zähne schartig zu schlagen, in dem sie mit dem Feuerstein dagegenhämmerte.«

KRISTINA WAR ALS KIND vom vierten bis zum achten Lebensjahr mit ihren Eltern und ihren beiden Schwestern in Indien, in Rourkela, in einer eisenerzreichen Gegend des indischen Bundesstaates Orissa, wo in den Sechzigerjahren ihr Vater als Ingenieur am Bau eines der modernsten Stahlwerke der damaligen Zeit mitarbeitete, das unter der Oberaufsicht der »Hindustan Steel Limited« von 35 großen deutschen und indischen Firmen errichtet wurde. Rourkela liegt am südöstlichen Rande eines Gebirges, am Brahmanifluß. Die Behörden enteigneten 32 Dörfer, von denen sie 16 völlig zerstörten. 13 000 Adivasi wurden umgesiedelt, 6 000 Ureinwohner blieben. Entwurzelt und ohne Aussicht auf Beschäftigung, lebten unzählige Adivasi als rechtlose Landarbeiter, als Schuldknechte oder als Kulis in den Slums der Städte. Wo die Adivasi mehrere tausend Jahre lang vom Ackerbau lebten, ziehen heute schwarze Rauchschwaden über riesige Slumsiedlungen, Chemikalien und Schmiermittel verschmutzen den Brahmanifluß. Rourkela war früher ein Dorf mit 2 000 Einwohnern, heute ist es eine Industriestadt mit 300 000 Menschen. Das Gelände für das Hüttenwerk und die geplante Wohnstadt, Steel City genannt, umfaßte über achttausend Hektar. In dieser Steel City waren 1 800 Deutsche untergebracht, die man die Rourkela-Deutschen nannte, 40 000 Menschen arbeiteten am Projekt. Der eine Rourkela-Deutsche hatte am Eingang seines Bungalows ein großes Wappen seiner deutschen Heimatstadt aufgepinselt, der andere hatte über dem Eingang ein riesengroßes Glas schäumenden Biers mit der Aufschrift »Krombacher Pils« aufgemalt. Im »German Club«, im deutschen

Krankenhaus und im Schwimmbad war den Indern der Zutritt verboten. Bei den nächtlichen Partys im German Club sangen die Rourkela-Deutschen gerne: »Es zittern die morschen Knochen …« und »O, du schöner Westerwald …«. Einmal nachts schossen betrunkene Rourkela-Deutsche auf die Haustür einer indischen Familie, in der Hoffnung, daß diese aus Angst vor weiteren Anschlägen ihre schöne, jugendliche Tochter den Wilderern übergeben würde. Im Laufe eines knappen Jahrzehnts wurde in Rourkela im Brahmanifluß ein einziges Krokodil von den indischen Dorfbewohnern entdeckt, das schließlich von einem im deutschen Krankenhaus arbeitenden Arzt erschossen wurde. Der Affe Jimmy, der nachts zwischen den Hühnern im Hühnerstall untergebracht wurde, der Bananen gestohlen hatte und den Leuten Bananenschalen entgegenwarf, wurde erschossen, weil er die sechs Meter langen, zum Trocknen aufgehängten Saris mit Lianen verwechselte, daran herumturnte und den Orissastoff beschädigte. Da es kein Bestattungsunternehmen gab, mußten in der Anfangszeit die deutschen Monteure für ihre bei der Arbeit tödlich verunglückten Kollegen eigenhändig ein Grab ausheben und bei der Beerdigung behilflich sein. Es war auch davon die Rede, daß indische Firmen, die bei Todesfällen unter ihren Arbeitern den Witwen nur dann eine Abfindung zahlten, wenn eine Leichenbeschau abgehalten wurde, dem Toten bei der Entrichtung der Abfindung das linke Ohr abgeschnitten und als Quittung einbehalten wurde, da es vorgekommen war, daß man einen Verstorbenen mehr als einmal vorgezeigt hatte. Indische Mädchen im Alter von fünfzehn bis zwanzig Jahren, von denen die meisten Christinnen waren und aus den umliegenden Adivasidörfern stammten, wurden als Haushaltskräfte in die Monteursunterkünfte gelockt, verführt und sexuell mißbraucht. Es soll häufig vorgekommen sein, daß die Monteure am abendlichen Biertisch im German Club die Mädchen einander weitervermittelten. Um den Mädchen den Zugang zum Hotelkomplex, in dem sechshundert deutsche Monteure, vor allem Junggesellen, untergebracht waren, zu verwehren, wurde von der »Hindustan Steel Limited«, die um ihren Ruf fürchtete, das Hotelgelände eingezäunt. Die Monteure empfanden den Stacheldrahtzaun und die Polizeiposten vor ihren Unterkünften als Freiheitsberaubung, als Beschneidung persönlicher Freiheit und als Rassendiskriminierung und legten den Zaun, der aus Betonpfeilern und Maschendraht bestand und fast eine halbe Meile lang war, kurz nachdem er vollendet worden war, in einer einzigen Nacht um. Mindestens zwei deutsche Firmen sollen regelmäßig Fotos von nackten, am Brahmanifluß fotografierten indischen Mädchen nach Deutschland geschickt haben, um deutsche Arbeiter zu überreden, Verträge für Indien abzuschließen. Abgesehen von einem deutschen Mundharmonika-Trio, das im German Club deutsche Volkslieder und Schlager spielte, wurden von den Monteuren auch Rourkela-Lieder gedichtet und gesungen: *Rourkela war im Flug in meinen Träumen, mit Mädchen und mit Affen auf den Bäumen. Ich träumte hunderttausend schöne Sachen, von Bier, von Schnaps, vom dicken Portemonnaie. Und als ich plötzlich war im heißen Klima, da war das alles gar nicht mehr so prima. Man sagt, ich würde sehnlichst schon erwartet, und man brachte mich zum Hotel gleich hin. Rourkela, Rourkela, Rourkela …*

In den vier Jahren ihres Indien-Aufenthaltes mit Eltern und Geschwistern ging Kristina in den indischen Kindergarten, später in die deutsche Schule. Einmal, so erzählte sie, als während eines heftigen Monsunregens die ganze Familie auf der überdachten Terrasse des Bungalows saß, näherte sich ihnen eine lange schwarze Kobra, die sich aber, als ihr Vater einen Korbsessel aufhob und mit den Stuhlbeinen voran auf die Schlange zuging, sofort verzog, in Sekunden verschwunden war und nie mehr wiedergesehen wurde. Eine Brillenschlange soll sich an einem warmen Nachmittag zwischen zwei im Bett schlafende Zwillinge gelegt haben. Als sich die beiden Kleinkinder beim Aufwachen bewegten, biß die Schlange zu und tötete sie. Die Familie reiste mit den toten Kindern nach Deutschland und kehrte nicht mehr nach Indien zurück. Immer wieder erzählte Kristina von Indien, starrte in Rom, Paris oder Berlin oder wo auch immer wir sonst gemeinsam waren, die Straße entlanggehende Inder an und begann wieder, von Indien zu erzählen. So entschieden wir uns für eine Reise nach Indien, denn auch ich wollte einmal das Land sehen, in dem sie vier Jahre ihrer Kindheit verbracht hatte.

Unsere erste gemeinsame Reise nach Indien fand im Frühling des Jahres 1993 statt. Wir wohnten damals noch im Bauernhaus meiner Eltern in Kamering, im Kärntner Drautal. Mein damals fünfundachtzigjähriger Vater, der zu dieser Zeit seinen Bauernhof noch nicht übergeben hatte, noch selber arbeitete, den Pflug an den Traktor spannte, mit der Sense auf die Felder und mit der Axt im tiefen Winter in die Wälder ging, schüttelte nur den Kopf, wenn ich von unserer geplanten Reise nach Indien sprach. Die Mutter seufzte wie immer und sagte – wie immer – kein Wort. Ich vor allem, weniger die indienerfahrene Kristina, hatte Angst vor gesundheitlichen Schäden, denn häufig wenn in Zeitungen und im Fernsehen von Indien berichtet wurde, war von Malaria, Cholera und Typhus, auch von der Pest die Rede. Ich hatte aber immer die Hoffnung, daß ich mich von meinen katholischen, dörflichen Themen eine Zeitlang würde lösen und neues Material zum Schreiben, vielleicht sogar für einen ganzen Roman, auf einem anderen Kontinent, in einer anderen, mir vollkommen fremden Welt würde finden können, denn der Stoff war mir vorläufig ausgegangen, ich wußte nicht mehr, worüber ich schreiben sollte, denn in der Zwischenzeit hatte ich auch, nach Jahren der Abwesenheit zum Vater zurückgekehrt, ihm Schritt auf Tritt folgend, eine Rückkehr des verlorenen Sohnes geschrieben, hatte ihm morgens und abends bei seiner Stallarbeit geholfen, war mit ihm auf die Felder und in die Wälder gegangen, um ihn zu beobachten, auszuhorchen, mir von seiner Kindheit und Jugend und auch neuerlich seine Kriegsgeschichten erzählen zu lassen und um wieder, aus anderer Perspektive, mit meinem Filmkamerakopf die hintersten und verborgensten Winkel meiner Kindheit ausleuchten zu können. Ich machte ihn im Fernsehen auf jede Kriegsdokumentation aufmerksam, saß mit Füllfeder und Notizbuch, wenn Hitler wieder auf der Mattscheibe auftauchte, neben dem Vater und schrieb seine Kommentare auf, aber dieser Sohn, der, um ein neues Buch schreiben zu können, den Alten mehrere Jahre lang nicht aus den Augen gelassen hatte, mußte wieder aufbrechen und fortgehen aus dem Haus, in dem er geboren wurde und in dem die kinderlose Gote, oder »gute

Haut«, wie sie genannt wurde, die immer wieder, vor allem solange die Großeltern lebten, in ihrem Geburtshaus im bäuerlichen Haushalt mithalf, die bei allen möglichen Festanlässen ihre Verwandtschaft mit Torten und Kuchen versorgte und mir bis zu meinem vierzehnten Lebensjahr in der Karwoche den Osterhasen gebracht hatte – neue Sonntagskleider oder Lederschuhe und den mit Staubzucker bestreuten Guglhupf, in dem immer ein Zehnschillingtaler steckte –, mit der blutigen Waschschüssel in der Hand Geburtshilfe leistete unter dem großen, breit und schwarz eingerahmten Heiligenbild der Muttergottes, die das Jesukind auf dem Schoß und eine weiße Lilie in der Hand hält, und das blutige Wasser in einem Schwall auf den Misthaufen schüttete, über die gackernd ausweichenden, zur Seite laufenden und davonflatternden Hühner und Hähne, die vom Blut meiner Mutter bespritzt wurden und, wieder zurückkehrend, mit ihren dünnen gelben Krallen einsanken in den Misthaufen, und mit dem Wasser wohl auch die Nabelschnurreste, die einerseits mir, dem Neugeborenen, andererseits wohl auch meiner Mutter gehörten, die mich soeben auf die Welt gebracht hatte. Halb fünf am Nachmittag soll es gewesen sein, mehr als zwei Stunden vor dem abendlichen Betläuten. *Geh hin, mein Kind, und nimm dich an der Kinder, die von Anfang an verdienet Straf und Ruten. Die Straf ist schwer, der Zorn ist groß, du kannst und sollst sie machen los durch Sterben und durch Bluten.* Ja, denke ich, das Federvieh muß meine Nabelschnur aufgefressen haben, denn wohin sollte man die Nachgeburt und die anderen Reste wohl sonst geworfen haben als auf den Misthaufen, auf den vom Nachbarhof, von den überhängenden Ästen eines Pflaumenbaumes, die dicken violettblauen Pflaumen fielen, die wir abholen, aus dem Kuhmist bergen durften, aber wehe wir stiegen auf unseren Misthaufen, näherten uns den überhängenden, schwer mit Früchten beladenen Ästen des Baumes und pflückten die eine oder andere Pflaume unter dem Geschrei des Nachbarbauern ab, der uns in den Misthaufen hineinverwünschte. Mit ein paar Pflaumen in der Hosentasche hopsten wir vom Misthaufen hinunter, liefen vors Haus zum Bach, steckten die Füße ins aufgestaute Bachwasser und aßen die Pflaumen, die wir auf unserem Misthaufen geerntet oder vom Baum gestohlen hatten. Man hat also unmittelbar nach meiner Geburt, kurz bevor dem soeben Zurweltgekommenen zum erstenmal die Dorfglocken zu Ohren kamen, eine Mistgabel genommen, ein kleines Loch ausgegraben, die Nachgeburt hineinrutschen lassen aus der weißen Emailwaschschüssel und wieder Stallmist darübergeworfen, während die aufgeplusterten Hähne an den Nabelschnurresten zerrten. Man hörte das Kettengerassel der Rinder, das Brüllen der Stiere und das Zwitschern der Schwalben und Mauersegler, die mit Mücken in ihren Schnäbeln ihre Nester aufsuchten und im Stall aus- und einflogen.

Ein halbes Jahr vor unserer ersten Reise nach Indien rief ich im Tropeninstitut in Berlin an und bat um eine Empfehlung für notwendige Schutzimpfungen. Die Frau im Tropeninstitut, die mir unwirsch und widerwillig Auskunft gab, fragte mich, bevor sie die Impfstoffe aufzählte: »Reisen Sie rustikal?« Ich verstand zuerst ihre Worte nicht, noch nie in meinem Leben hat mich jemand gefragt, ob ich rustikal reise, ich schwieg ein paar Sekunden und antwortete hilflos: »Wie meinen Sie das?« Und dann begann sie auch schon am Telefon zu schreien: »Ja, werden

Sie denn in Indien auf der Straße essen, oder wie wollen Sie dort leben? Rustikal oder bürgerlich?« »Wir haben schon Geld«, antwortete ich eingeschüchtert, »wir werden uns ein Hotel suchen und ins Restaurant essen gehen!« Und wie aus der Pistole aus dem Telefon geschossen, von Berlin ins Kärntner Bauerndorf Kamering, ratterte sie los: »Diphterie, Tetanus, Kinderlähmung, Cholera, Typhus, Hepatitis A, Hepatitis B und Meningokokken als Schutzimpfungen, und gegen Malaria nehmen Sie ›Lariam‹ in Tablettenform.« »Wie heißen die Tabletten?« fragte ich nach. »Lariam!« buchstabierte sie, rief noch »Aufwiedersehn!« ins Telefon hinein und legte auf, ohne meinen Gruß und Dank abzuwarten. Lange starrte ich den Telefonhörer an, als suchte ich in den kleinen Löchern der Hörmuschel das Gesicht der dazugehörigen Stimme, und legte ihn schließlich zaghaft und leise auf die Gabel. Mir war heiß geworden am ganzen Körper, meine Wangen glühten, ich hatte Herzklopfen und blieb ein paar Minuten lang im engen Flur meines elterlichen Bauernhauses vor dem beigefarbenen Telefon stehen, das ich in diesem Augenblick, in einer sekundenlangen Sinnesverwirrung, nicht mehr als Sprechapparat, mit dem man telefonieren konnte, sondern als surreales Objekt empfand, hob meinen Kopf und schaute lange auf die über dem Telefon an der Wand hängenden eingerahmten Fotos aus den Dreißigerjahren, auf denen mein damals noch jugendlicher Vater stolz am Kirchenfeld auf einer neuen Mähmaschine sitzt, der ersten im Dorf, die von zwei braunen Pferden über den Acker gezogen wird.

Ihn, der das elterliche Anwesen nur für die Kriegsjahre verlassen und in der englischen Gefangenschaft, wie er erzählte, oft so einen Hunger gehabt hatte, daß er am liebsten dem Teufel die Ohren abgefressen hätte, hörte ich immer wieder sagen: »Am liebsten hätte ich dem Teufel die Ohren abgefressen!« Oder auch: »Wenn der Krieg nicht gewesen wäre, wäre ich nirgendwo hingekommen, nach England nicht, nach Holland nicht und auch nicht nach Frankreich, ich wäre immer am Hof geblieben.« Und jetzt sollte sein Sohn freiwillig und ohne Einberufungsbefehl monatelang nach Indien verreisen, ins Land des Elends, des Hungers und der heiligen Kühe. Wenn er im Stall vor der pumpenden Melkmaschine zwischen den Kühen saß, seinen Kopf an den Bauch einer Kuh drückte und ich mich in einer Arbeitspause vor ihn hinstellte, mich auf den Stiel der Mistgabel stützte, von den Impfungen und Medikamenten für die vorgesehene Reise nach Indien sprach – der kotige Kuhschwanz pendelte vor seinem Gesicht hin und her –, schüttelte er seinen Kopf und sagte: »Bei uns ist es so schön, geh in die Berge, geh ins Maltatal zur Kölnbreinsperre oder schau dir das Liesertal an, quartier dich in einer Almhütte ein, dort kannst du auch schreiben, wenn du willst, und Medikamente brauchst du auch keine, höchstens einmal ein Aspirin! Was willst du denn in Indien? Was willst du in einem Land, wo sie die Kühe wie Heilige behandeln, wo aber die Menschen hungern und auf der Straße krepieren, kein Fleisch essen und wo die Kühe auf der Straße herumtaumeln und eingehen lassen? Und? Trinken sie überhaupt Milch, die kommt ja auch von den Kühen? Und die Hitze! Denk an die furchtbare Hitze, vierzig, fünfzig Grad!« Bereits als Fünfzehnjähriger habe er sechzig Kilometer weit zweihundert Schafe von seinem Heimatdorf Kamering im Drautal ins Liesertal auf die Alm getrieben, und wenn sich die eigenen Schafe mit den Schafen der anderen Bauern vermischten, habe er die Schafe seines elterlichen Hofes an ihren Gesichtern wiedererkannt, erzählte er, stirnrunzelnd zwischen den Kühen auf dem Melkerschemel sitzend, den Schweiß mit dem rechten Unterarm von der Stirn wischend. »Das Gesicht jedes einzelnen Schafes habe ich mir gemerkt! Alle habe ich sie wiedererkannt!« Manchmal boxte er wütend mit seiner Faust oder stieß mit seinem Ellbogen einer Kuh in den Bauch, auch wenn sie hochträchtig war, wenn sie ihm, der zwischen zwei Kühen auf dem Melkerschemel saß, einmal tatsächlich den Schwanz mit den eingetrockneten Kotzöpfen ins Gesicht, um Nase und Mund schlug, so daß er mehrere Male ausspucken und seinen Mund an seinen gebräunten, haarigen Unterarmen abwischen mußte.

Mehrmals, in bestimmten Abständen, fuhren wir, Kristina und ich, mit dem Omnibus von Kamering nach Villach, um uns impfen zu lassen: Diphterie, Tetanus, Kinderlähmung, Cholera, Typhus, Hepatitis A, Hepatitis B, Meningokokken. Kiloweise verstaute ich Medizin in einem großen, kantigen silbernen Aluminiumkoffer, mit dem auch schon Kristinas Eltern nach Indien gereist waren und den sie mir immer wieder abnehmen wollten, was ich aber nie zugelassen habe, immer wieder bin ich mit dem Koffer entwischt, denn inzwischen bin ich bereits siebenmal nach Indien gereist und immer mit dem großen, mehr als ein halbes Jahrhundert alten Aluminiumkoffer. Der Vormittag der ersten Abreise nach Indien kam, die schweren Koffer waren im Flur bereitgestellt. Ich ging in die Knechtstube, in der einst mein damals zwanzigjähriger Vater als Speckdieb erwischt worden war und in der meine Großmutter aufgebahrt lag, nachdem man den Leichnam in einer Wolldecke über die Stiege getragen hatte, und überlegte mir, welche Schuhe ich anziehen sollte. Ich entschied mich für die italienischen Lederschuhe, die ich einmal unweit von Rom bei einem Schuster in einem kleinen Dorf gekauft hatte, deren dicke Sohlen in der ungeheizten, eiskalten und feuchten Knechtstube angeschimmelt waren. Mich schämend, weil mir Tränen über die Wangen rannen, verließ ich das elterliche Bauernhaus, nachdem ich mich kurz und ohne ihnen in die Augen zu sehen von den Bewohnern verabschiedet hatte, und ging mit dem nahezu dreißig Kilogramm schwer beladenen Aluminiumkoffer in der Hand, es war Anfang März, in meinen verschimmelten Schuhen über den leichtbeschneiten Dorfhügel hinauf zur Omnibushaltestelle. Die Schwester Apollonia half beim Koffer- und Taschentragen, sie verließ aber – ebenfalls mit Tränen in den Augen – die Haltestelle, noch bevor der Omnibus in der Ferne, am sumpfigen Manig mit den unzähligen aufgeblühten Schneeglöckchen vorbeifahrend, auftauchte, immer größer wurde und schließlich vor uns stand und wir mitfahren sollten. Aus dem Fenster des anfahrenden Omnibusses schauend, warf ich einen letzten Blick auf mein Elternhaus. Der Vater stand im Hof, zwischen Haus und Heustadel, und schaute auf den vorbeifahrenden Omnibus, suchte uns hinter den spiegelnden Fensterscheiben, den speckigen Hut in der Hand. Die Mutter und die Schwester Apollonia hatten sich in der Küche verkrochen. In Spittal an der Drau stiegen wir in einen Zug, der uns nach München brachte. Von München flogen wir nach London und mit British Airways nach Delhi. Am Flughafen in Delhi, nachdem wir den Stempel für die Einreise in den Reisepaß bekommen hatten, nahmen wir eine Motorrikscha und fuhren, eingepfercht zwischen den Koffern und die Taschen auf dem Schoß, in der Finsternis wohl eine Stunde lang in die Stadtmitte hinein, um ein Hotel zu suchen. Links und rechts von unserer offenen Motorrikscha im weißblauen Qualm der Abgase kamen Lastwagen und Omnibusse oft zentimeterdicht an uns heran und rauschten an uns vorbei. Da und dort standen Prostituierte an den Straßenrändern oder auf den Verkehrsinseln und winkten uns zu. In der Enge von Old Delhi fanden wir nach längerer Suche und nachdem ich mich entsetzt von einigen Spelunken abgewandt hatte, die uns mitlaufende Inder aufdrängen wollten, die schweren Koffer an den Händen, in einem Hotel ein Zimmer mit einer Klimaanlage, in dem sich aber kein Fenster befand. Bereits in diesem Käfig kochten wir aus Angst vor Magen- und Darmkrankheiten desinfizierenden Ingwertee. Die ganze Nacht über lief laut die Klimaanlage. Immer wieder wachte ich auf und schaute, ob der silberne Aluminiumkoffer noch unter dem Bett stand mit der vielen Medizin. Da für diese Reise nach Indien die österreichische Botschaft für mich einige Lesungen an den Universitäten in Delhi, Jaipur, Bombay und Varanasi organisiert hatte, bezogen wir, nachdem ich den Botschaftssekretär vom Schrecken der vergangenen Nacht berichtet hatte, für zwei weitere Tage ein Gästezimmer in der Botschaft. In den frühen Morgenstunden des dritten Tages fuhren wir mit dem Zug in einer fünfzehnstündigen Fahrt nach Varanasi, wo wir schließlich in den Abendstunden in der Main Station ankamen und wo uns sofort und ohne zu fragen die aus Rajasthan stammenden Kofferträger mit den weinroten Jacken das Gepäck aus der Hand nahmen. Zwischen dem Gedränge der Leute versuchten wir die Gepäckträger nicht aus den Augen zu verlieren. Für Varanasi entschieden hatte ich mich endgültig, nachdem mir, neben Kristina, die als Kind, während ihres Rourkela-Aufenthaltes im indischen Bundesstaat Orissa, mit ihren Eltern zwar nur ein paar Tage in Varanasi verbrachte, der Wiener Literaturprofessor Wendelin Schmidt-Dengler während einer gemeinsamen Zugfahrt von Udine nach Klagenfurt ebenfalls die Empfehlung gegeben hatte, in die heilige Stadt der Hindus, nach Varanasi ans Ufer des Ganges zu fahren, da ihm aus mehreren Romanen die Beschreibungen meiner dörflichen, katholischen Riten und Rituale geläufig waren und er wohl ahnte, daß ich in dieser Stadt, die auch »Mahashmashana« genannt wird, was soviel heißt wie »Der große Einäscherungsplatz«, in Indien am besten aufgehoben sein würde.

ZEIT DER GLADIOLEN

»Erwachsene und Kinder, alle, die auf dem Festplatz versammelt waren, stießen beim Anblick von O Rins Mund einen lauten Schrei aus und flohen. Als O Rin die Gesichter der Leute sah, hütete sie sich, ihren Mund zu schließen. Sie begnügte sich nicht damit, ihre oberen Zähne zu zeigen und mit ihnen ihre Unterlippe zusammenzudrücken, sie schob auch noch das Kinn vor, als wollte sie sagen: ›Seht her!‹ Und da sie überdies von Blut überströmt war, bot sie einen entsetzlichen Anblick.«

AUF DEM FOTO MIT DEM BRAUNSTICH aus den Drei-ßigerjahren, das an der Wand über dem beigefarbenen Telefon aufgehängt ist, hält der auf der neuen, von seinen beiden Pferden gezogenen Mähmaschine sitzende Vater die trockenen, brüchigen Pferderiemen. An der linken Hand sieht man deutlich den Stumpf seines kleinen Fingers, der ihm von einer Heuschneidemaschine abgetrennt wurde, als er drei Jahre alt war und bei den Arbeiten im Heustadel bereits mithalf, das Heu bündelweise in die Schneidemaschine gesteckt und die Hand nicht schnell genug zurückgezogen hatte. Mit der blutenden Hand, an der noch an einem Hautfetzen der Finger hing, war er mit seinem jüngeren Bruder über die Heustadelstiege hinuntergetrippelt, auf die, als sie das Geschrei und Weinen hörte, aus dem Haus eilende, bereits Schlimmes ahnende Mutter zu. »Jogele, Fingerle weg!« rief der größere Bruder. Seine Mutter hatte nur mehr die Schere nehmen und den Hautfetzen durchtrennen können. Er machte, auf der neuen Mähmaschine sitzend, einen zufriedenen Eindruck, er mußte nicht mehr mit den Knechten zur Sense greifen und in tagelanger, oft wochenlanger Arbeit ganze Felder mit der Hand mähen, er saß nun stolz auf dem schalenförmigen gelochten Eisensessel einer Mähmaschine, die von zwei Pferden gezogen wurde, die auch Namen hatten, das eine hieß »Fuchs«, den Namen des anderen Pferdes weiß ich nicht mehr. Vielleicht, denke ich jetzt, wenn ich in Kamering an das Grab des Vaters gehe zu Allerheiligen oder zu Allerseelen, wenn der ganze Friedhof nach den unzähligen von der Feuchtigkeit knisternden Kerzen, nach Weihrauch und nach den gelben und wei-

ßen Chrysanthemen riecht, wenn ich dann ein paarmal
»Fuchs! Fuchs!« rufe, antwortet er mir aus der Tiefe seines Grabes und verrät mir den Namen des zweiten Pferdes, das auf dem Foto aus den Dreißigerjahren über dem
beigefarbenen Telefon im Flur seines Bauernhauses, in
dem auch er, im selben Zimmer wie ich, auf die Welt gekommen ist, an die neue Mähmaschine gespannt war. Er
ließ sich von seinem Bruder, unserem Onkel Franz, dem
Volksschuloberlehrer aus Oberdrauburg und Hobbyfoto-
grafen, mit einer Hasselblad ablichten. Onkel Franz, der
im Zweiten Weltkrieg in Nürnberg bei der SS war, beteu-
erte immer wieder, besonders dann, wenn die brüder-
lichen Kriegskameraden sich jährlich am nebeligen Aller-
heiligentag oder am Allerseelentag in ihrem Geburtshaus
trafen, um zur Gräberbesprengung ans Grab ihrer Eltern
zu gehen und alle gemeinsam vom bäuerlichen Elternhaus weg über die Dorfstraße hinunter auf den Friedhof
gingen, ein paar große, dicke eierschalenfarbene Kerzen
beim Grabhügel in die schon leicht angefrorene und mit
Reif bedeckte Erde steckten, wenn der violett gekleidete Priester in Begleitung seiner ebenfalls weißviolett gekleideten Ministranten mit dem rauchenden silbernen
Weihrauchgefäß und der eingebeulten kupfernen Weih-
wasserschüssel von Grab zu Grab ging und alle an ihren
Familiengräbern stehenden Dorfbewohner achtgaben, ob
der silberborstige Weihwasserpinsel auch tatsächlich mit
ein paar geweihten Wassertropfen die Erde ihres Fami-
liengrabes besprengt und die Weihrauchschwaden die laut
knisternd brennenden Kerzen und die gelben und weißen, da und dort auch roten Chrysanthemen umnebelt
hatten, und wenn die Kriegsveteranen nach dieser Gräberbesprengung wieder gemeinsam den lotrechten Bal-

ken des kreuzförmig gebauten Dorfes hinaufgingen, in ihr Elternhaus, ihre grünen Hubertusmäntel ablegten, auf die beim Hantieren mit der brennenden Kerze ein paar Wachstropfen gefallen und kleben geblieben waren, sich an den Tisch setzten und, am heißen Hagebuttentee schlürfend, in den sie Bauernschnaps schütteten, mit dem Erzählen ihrer Kriegsabenteuer begannen, ohne daß er von seinen Brüdern und vom Schwager jemals danach gefragt wurde, daß er in Nürnberg nur am Schreibtisch gesessen sei und nichts getan habe. »Ich war in Nürnberg nur am Schreibtisch und habe nichts getan!« war seine stehende Redewendung, die wir über zwei Jahrzehnte lang Jahr für Jahr, besonders zu Allerheiligen und Allerseelen, hörten, wenn er mit seinem englischen Auto, in dessen Dach er ein Fenster hatte hineinschneiden lassen, so daß es, so beklagte er sich oft, kein originales englisches Auto mehr war, aus Oberdrauburg kam, eine lilafarbene Suchard-Schokolade aus der Rocktasche zog, uns vor die Nase hielt und nie vergaß in strengem Tonfall zu sagen: »Wie sagt man denn?« – »Danke, Onkel Franz!« Für eine große Schokoladetafel war er zu geizig, immer brachte er nur kleine Schokoladetafeln, nie eine große. Die Suchard war lila und hatte Schogetten, die Bensdorf war blau und rippig. Als wir einmal nach jahrelangem Sammeln hundert leere blaue Verpackungsschleifen an die Firma Bensdorf schickten, brachte zu unserer Überraschung der Briefträger ein paar Wochen später ein Päckchen mit zwanzig Bensdorf-Schokoladetafeln.

Der junge, stolz auf der neuen Mähmaschine mit den großen Eisenrädern sitzende, die Pferderiemen haltende Bauernsohn wußte, daß er eines Tages nicht mehr der

Knecht seines Erzeugers, des Patriarchen des Hauses Enz in Kamering, sondern sein eigener Herr sein würde, er, der als Zwanzigjähriger in der Speisekammer Speck gestohlen hatte, in die Schlafkammer ging, sich unter dem Bett versteckte mit Messer, Brot und in der Hausräucherkammer geselchtem Speck, aber als der seinen Sohn suchende und in die Kammer eintretende Patriarch mit dem weißen Schnurrbart die Füße mit den benagelten Goisererschuhen unter dem Bett hervorschauen sah, gegen die Füße seines Sohnes trat und rief: »Was tust du denn da?«, kroch der Zwanzigjährige mit den Speck- und Brotresten unter dem Bett, auf dem ein weit nach unten hängender, mit Kukuruzfedern gefüllter grober Leinensack lag, hervor und entschuldigte sich, weil er, ohne zu fragen, Speck aus der Speisekammer genommen hatte, doch der Alte war sanft gestimmt und sagte nur: »Iß, wenn du Hunger hast!« Drei Jahrzehnte dauerte es, bis er Alleinherrscher über den Enzhof, bis der Sarg seines Vaters Josef Winkler geschlossen wurde, über und über bedeckt mit verschiedenfarbigen Astern und langstieligen Gladiolen, so daß man nur mehr das Gesicht des Toten mit dem weißen Oberlippenbart sehen konnte, den er zu Lebzeiten mit einer kleinen, am hölzernen Haltegriff braunglänzenden Bartbürste mit weißgrauen, weichen Borsten gepflegt hatte. Ein paar Stunden bevor vom Leichenbestatter Stimniker das im Aufbahrungszimmer an der Mauer hinter der schwarzen Dekoration lehnende Oberteil des Sarges aufs Unterteil gelegt und das schwarze, zu allen Seiten heraushängende, mit silbernen Friedenszweigen und schwarzen Rosen bedruckte durchsichtige Kunststofftuch eingeklemmt wurde, der Stimniker eine vergoldete Sargschraube nach der anderen fixierte, auf denen ein

Kreuz eingraviert war – die anderen Sargschrauben hielt er griffbereit zwischen den zusammengepreßten Lippen –, sagte der Vater zu uns bedrückt auf dem Diwan in der Küche sitzenden, bereits für das Begräbnis eingekleideten Kindern, denen die Mutter im elterlichen Schlafzimmer schwarze Trauerschleifen an den Oberarm gestreift hatte: »Buaben, gehts in den Garten und bringts dem Opa noch ein paar Blumen!« Im ganzen Haus roch es nach einer Mischung aus frischem Szegedinergulasch, Fichtenzweigen, Rosen, Nelken, Gladiolen, Astern und nach dem schon seit ein paar Tagen aufgebahrten und verwesenden Leichnam des Großvaters. Außerdem war die Tür zum Aufbahrungszimmer ausgehängt worden, nie konnte man sie schließen, Tag und Nacht nicht, immer schauten wir, den Flur entlanggehend, ob von der einen oder anderen Seite kommend, ins Aufbahrungszimmer und auf die Spitzen seiner das Sargunterteil überragenden Totenschuhe. Mit Küchenmessern gingen wir in den Garten, schnitten noch ein paar langstielige, uns bis ans Kinn reichende rote und rosafarbene Gladiolen ab und quetschten sie in den Sarg hinein, der schon voller Blumen war, so daß man nur mehr das Gesicht und die zum Gebet geschlossenen, mit einem Rosenkranz umwickelten Hände des Verstorbenen sehen konnte. Zwischen seine Finger hatte man ihm ein kleines schwarzes Kruzifix mit einem silbernen Jesus gesteckt. An den vier Sargenden waren vergoldete Löwenpranken imitierende Füße angebracht, die ich als Karl-May-Leser immer wieder anstarrte. Ich fragte mich, ob sie in der kommenden Nacht mit dem toten Großvater davon, in den Orient, *durchs wilde Kurdistan* und *durch die Wüste* laufen oder ob die goldenen Löwenpranken am Sarg zuschlagen und das Gesicht zerkratzen werden, wenn einer seiner Feinde zur Verabschiedung kommen und mit dem in einem Kaffeeschälchen liegenden Fichtenzweig dem Großvater noch Weihwasser ins Gesicht spritzen wird und die empfindsamen Gladiolenblüten zurückzucken werden. Ich stellte mir die blutigen Kratzspuren im Gesicht vom alten Petutschnig vor, der sich unvorsichtig dem Sarg näherte, von den Löwenpranken attackiert wurde, vor dem eigenen blutverschmierten Gesicht ein Kreuzzeichen schlug, bevor er das Trauerhaus verließ und zur Tür hinauslief. Noch unheimlicher als der im Sargunterteil liegende tote Großvater war der an der Zimmerwand lehnende schwarze Sargdeckel mit dem aufgenagelten Kruzifix, den ich, das schwarze Dekorationstuch zur Seite schiebend, immer wieder bestaunte und betrachtete, vor allem die schlecht gehobelte, unlackierte Sargdeckelinnenseite.

Der schlanke, großgewachsene Großvater Josef Winkler vulgo Enz wurde in der ehrenwerten Bauernstube, die dicke, zahnlose Großmutter Theresia Winkler vulgo Enz in der nach Zigaretten und Alkohol stinkenden Knechtstube aufgebahrt. Sowohl die Bauernstube als auch die Knechtstube wurden nach dem Begräbnis, nachdem der Leichenbestatter sein Gestell weggeräumt hatte und in ein anderes Dorf zum nächsten Aufbahrungszimmer gefahren war, frisch ausgeweißt, das eine mit einem goldfarbenen Spinnwebmuster, das andere mit einem kaminroten Blumenmuster geschmückt. (An der Innenmauer des Plumpsklosetts probierte der Maler, der Onkel Hermann, immer Muster und Farbe aus, bevor er die Wände im Haus bemalte, und verwandelte den heimlichen kleinen Innenraum in ein Tapetenmustermuseum.) Wochen vor ihrem Tod rief die Großmutter immer wieder nach ihrem Sohn: »Jogl! Jogl! Hilf mir!« Mein Vater verbrachte ihre letzten Nächte in ihrem Zimmer, im ehemaligen Sterbebett seines eigenen Vaters, denn sie hatte Angst zu sterben und schrie oft: »Ich will nicht fortgehen! Ich will nicht sterben!« Als sie dann tatsächlich gestorben war, das Fichtenästchen hatte noch gewippt, nachdem der lange auf die Fensterscheiben des Sterbezimmers starrende Totenvogel vom Baum aufgeflogen war, der Eichelhäher, den sie Tschufitl nannte – »Ich hab die Tschufitl gehört! Wer wohl sterben muß! Wer wohl der nächste sein wird!« –, und der Hausarzt Sepp Plank den Totenschein ausgestellt und mit geröteten Augenlidern das Haus verlassen hatte, kam der Vater mit verweinten Augen, ein Taschentuch, das schon wochenlang in seiner Hose steckte, an Nase und Augen drückend, in die Küche und sagte: »Es ist vorbei!«, und der an der Küchentheke stehenden, das Mittagessen zubereitenden, überforderten Mutter, die sie hatte pflegen und ihr mehrmals am Tag das Essen über die Stiege hatte bringen müssen, kamen die Worte: »Gott sei dank! Jetzt ist es vorbei!« nicht über die Lippen, aber nach dieser Todesnachricht atmete sie auf, noch heute höre ich den erleichternden Atem der an der Budel stehenden, den Teig knetenden Mutter, denn sie war, gerade in der Anfangszeit, als sie von der Aichholzerhube auf die Enznhube heiratete, hundert Meter weit vom einen zum anderen Bauernhof zog und nicht einmal den Familiennamen wechseln mußte, da es derselbe war, unzählige Male von ihrer Schwiegermutter gedemütigt worden. Erwähnte sie nur den Namen ihrer eigenen Mutter, die im Zweiten Weltkrieg drei Söhne im jugendlichen Alter verloren hatte, zwei in Rußland, einen in Jugoslawien, wurde sie mehrere Wochen lang von ihrer eifersüchtigen Schwiegermutter nicht mehr beachtet, die Alte verließ, die Beleidigte spielend, die gemeinsame Bauernküche und zog sich wochenlang in ihr Zimmer, ihr späteres Sterbezimmer zurück und ließ sich mit warmen und kalten Speisen bedienen. Mit ihrem schwarzen, am gebogenen Griff verschmutzten Krückstock klopfte sie auf den mit einem Linoleumbelag überzogenen Holzboden, um jemanden, ihre Schwiegertochter oder ihre Enkelkinder, in ihr Zimmer zu locken, aber wir rührten uns gerade in ihrer letzten Lebenszeit oft stundenlang nicht, wenn sie klopfte und klopfte, Gesellschaft haben wollte, auf dem nach Urin stinkenden grünen Diwan mit dem Blumenmuster saß – nicht selten hinterließ sie im Flur und auf dem Balkon, wenn sie sich aufs Plumpsklo schleppte, Urinspuren und Kotpatzen –, die Hände faltete und stundenlang die beiden Daumen umeinander kreisen ließ und, wie sie sich ausdrückte, spekulierte. Die Oma spekuliert den ganzen Tag! hieß es. Niemand wußte, worüber sie spekulierte, woran sie dachte, aber es interessierte sich auch niemand mehr dafür, sie bekam regelmäßig ihr Essen, morgens wurde sie gewaschen, ihre dünnen weißen Haare wurden von der Mutter mit Veilchenöl eingerieben, zu einem Zopf geflochten, auf dem Hinterkopf zu einer Schnecke gedreht und mit Haarnadeln befestigt. Dann und wann schickte sie mich zum Deutsch, und ich brachte ihr ein paar frische Semmeln und eine Schachtel mit Enzianschmelzkäse, dessen Dreiecke sie mit ihren nach Urin riechenden Fingern aus dem Silberpapier befreite und den wir dann, gemeinsam auf dem Diwan sitzend, zu essen begannen. Als sie in Anwesenheit vom Vater und vom Doktor Plank, laute Todesschreie ausstoßend, ihre Augen für immer schloß, kam wieder der Leichenbestatter Stimniker mit seinem schwarzen Mercedes, öffnete die beiden Flügel der Hintertür, schob den Sarg mit den vier vergoldeten Löwenpranken heraus und trug ihn mit dem zu Hilfe eilenden Vater in die bereits ausgeräumte und geputzte Knechtkammer, in der der Holzboden mit den da und dort hervorstehenden Nägeln noch feucht war vom Reinigen, holte das Gestell für den Katafalk, auf dem der Sarg aufgestellt wurde, die schwarzen Dekorationstücher, mit denen er die noch immer nach den filterlosen Dreierzigaretten riechende Knechtkammer in eine kleine schwarze Gruft verwandelte und das ebenfalls im Auto liegende mannsgroße Kruzifix. Geh zum Knapp und hol mir eine Packung Dreier! sagten die Knechte oft zu mir. Der Sohn der Verstorbenen, mein Vater, der damals schon fast sechzig Jahre alt war, ging mit dem Stimniker über die sechzehnstufige, abgetretene Holzstiege in den ersten Stock hinauf. Sie hoben den von ihrer Tochter, der guten Haut, gewaschenen und eingekleideten Leichnam auf eine Wolldecke, die sie am Boden ausgebreitet hatten und trugen ihn, jeder an zwei Zipfeln festhaltend, über die Stiege hinunter, legten den Leichnam in den Sarg hinein und hoben den schwarzlackierten Schrein, der ausgefüllt war mit der dicken Großmutter, aufs vorbereitete Gestell. Von der Küche aus, auf dem Diwan sitzend, hörte ich die Geräusche der laut schnaufenden und vorsichtig, Schritt für Schritt kontrollierenden, mit dem schweren Leichnam über die Stiege gehenden Männer. Bevor der Sarg geschlossen wurde, in der Stunde des Begräbnisses, schickte uns der Vater nicht mehr in den Garten, um Blumen zu holen und ihr in den Sarg zu legen, obwohl auch diesmal die Zeit der Gladiolen war.

DER AM FLUSSUFER EINGEEISTE SARG

»Im hinteren Gebirge lag der Dorffriedhof. Starb ein junger Mensch, opferte man selbst in diesem Dorf, in dem es so wenig zu essen gab, auf dem Grabe eine Schale mit Lebensmitteln, die von den Raben sehr schnell aufgefressen wurden. Deshalb heißt es, daß die Raben sich freuen, wenn ein Begräbnis stattfindet. Es heißt ferner, sie hätten geheimnisvolle Vorahnungen und wüßten immer im voraus, wann ein Begräbnis stattfinden sollte – deshalb krächzten sie vor Freude: Daher gilt ihr Krächzen als Ankündigung eines Begräbnisses.«

DER VATER, DER DEN ENZNHOF über fast hundert Jahre erlebt und belebt hatte, der von seinem dritten, vierten Lebensjahr an mit kleinen Arbeiten auf dem elterlichen Bauernhof angefangen, als dreijähriges Kind bei einem Arbeitsunfall im Heustadel an einer Heuschneidemaschine den kleinen Finger seiner linken Hand verloren und erst im Alter von fünfundneunzig Jahren die Mistgabel endgültig aus der Hand gegeben und schließlich im biblischen Alter von neunundneunzig Jahren in der Bauernstube unter einem breit eingerahmten, an der Wand hängenden großen, retuschierten Bildnis seines Vaters, des Patriarchen Josef Winkler vulgo Enz, der ihm, seinem Sohn und späteren Hoferben, erst nach dem dreißigsten Lebensjahr das Duwort angeboten hatte, ohne Wenn und Aber für immer eingeschlafen war – eines seiner letzten Worte soll »Ich mag nicht mehr warten!« gewesen sein –, in der Bauernstube, in der auch sein Herr und Gebieter aufgebahrt und von seinen Enkelkindern mit Astern und Gladiolen im Sarg überschüttet worden war, bevor der Stimniker das Sargoberteil hinter den schwarzen Tüchern der Wanddekoration hervorgeholt hatte, er also, der wohl fünfundachtzig Jahre seines Lebens gearbeitet und dieses Dorf und sein elterliches Anwesen nur für die Zeit seiner sechs Kriegsjahre verlassen, zwei davon in englischer Gefangenschaft, in Frankreich und England, zugebracht hatte, wo er, wie er erzählte, oft so hungrig gewesen sei, daß er am liebsten dem Teufel die Ohren abgefressen hätte, er also wurde wenige Stunden nach dem Eintreten des Todes nicht mehr in seiner eigenen Bauernstube zur Verabschiedung aufgebahrt, sondern, da es aus hygienischen Gründen gesetzlich verboten ist, tage- und nächtelang den Toten im Sterbehaus zur Schau zu stellen für die Trauergemeinde und für die Freudengemeinde, die Verwandten, Angehörigen und Neugierigen, von der Tochter des Leichenbestatters Stimniker, die dessen Aufbahrungs- und Bestattungsfirma übernommen und die auch ihre eigenen Eltern mit ihrer Firma bestattet hatte, ins benachbarte Dorf Feistritz in die am Friedhof gelegene Leichenhalle gebracht. Erst am Tage seines Begräbnisses wurde der Wunsch des Vaters erfüllt und sein Leichnam in die Vorhalle seiner Heimatdorfkirche Kamering auf einen Katafalk gestellt, die er schon Jahrzehnte vor seinem Tod zu einer Leichenhalle umgestaltet haben wollte, denn er wollte auch als Verstorbener dieses kreuzförmig gebaute Dorf mit seinen zweihundert Menschenseelen, in dem er, abgesehen von den Kriegsjahren, fast hundert Jahre verbracht hatte, nicht mehr verlassen, aber diese Umgestaltung der gewölbeartigen Kirchenvorhalle mit den offenen Fenstern scheiterte an den behördlich vorgeschriebenen hygienischen Voraussetzungen, denn unmittelbar neben einer Leichenhalle muß eine Toilette mit Fließwasser installiert sein. Es kann doch in diesem kleinen Dorf jeder auf sein eigenes Klo gehen! rief er empört mehrmals, als wieder von der Umgestaltung der Kirchenvorhalle die Rede war und er sich Sorgen um seine sterblichen Überreste machte. In die Vorhalle waren aber in der Zwischenzeit Fenster eingebaut, und nachdem der Pfarrhof verwaist war und kein Pfarrer mehr in dem alten, im Winter eiskalten, schwer heizbaren Gemäuer wohnte, war der armlose, mannsgroße Christus, der jahrzehntelang im großen, breiten Flur des Pfarrhofs stand, in diese Kirchenvorhalle gebracht und an der Wand befestigt worden. Mehr als zehn Jahre vor seinem Tod hatte der Vater den Wunsch geäußert, die Leichenhalle solle, bevor er endgültig weggetragen werden würde, ob in Kamering oder in Feistritz, in der Nacht abgeschlossen, zugesperrt werden, denn er hatte Angst, daß ihm geschehen könnte, was einmal, wenige Tage vor Weihnachten in Oberkärnten einem Verstorbenen passiert war, dessen Sarg von mehreren Männern aus einer Leichenhalle gestohlen, verschleppt und in die Drau geworfen wurde. Den schwimmenden Sarg mit dem Toten trieb es mehrere Kilometer weit flußabwärts, ehe er am Ufer der Drau zwischen den Eisblöcken steckenblieb und, bereits eingeeist, am Heiligen Abend, als ringsum in den Häusern die mit Engelshaar und silbernem Lametta geschmückten Christbäume aufleuchteten und die Sternspritzer flimmerten, aus dem weißblauen Eis gehackt, geborgen werden mußte und der im Sarg liegende Tote, in einen Eisblock eingehüllt, zuerst in einer Fabrikshalle von einer Heißluftmaschine angestrahlt, enteist, getrocknet und schließlich in der Aufbahrungshalle, die nach dieser Schandtat Tag und Nacht von Verwandten des Toten bewacht wurde, wieder auf den Katafalk gehoben werden konnte. Sechs Männer waren nötig, um den in kompaktem Eis im Sarg eingefrorenen, einen Kärntneranzug und eine rote, mit silbernem Edelweiß bestickte Krawatte tragenden Toten zu bergen, über den Damm am Ufer der Drau zu tragen und in den Leichenwagen zu heben. Der steifgefrorene Tote mußte noch einmal neu eingekleidet und der schwer beschädigte Sarg ausgetauscht werden. Das auf dem Sarg angenagelte Holzkruzifix wurde von den Tätern abgerissen, in die Drau geworfen und ebenfalls, einglasiert, am Flußufer senkrecht im Eis stehend, geborgen und zum Pfarrhof gebracht. Der Gekreuzigte hatte sich aufgebäumt gegen seinen Ertrinkungstod, stock und steif und stolz ragte er mit hocherhobenem, dornengekröntem Haupt zwischen den hellbraunen, dürr gewordenen Schilfstangen mit den dunkelbraunen Kolben aus dem vereisten, mit weißen Luftblasen gescheckten Wasserspiegel und ließ sich, wenige Stunden vor der Christmette, in Anstand und Würde und mit Gebeten vom Priester, der bereits zur Bergung des Sarges gerufen worden war, wegtragen und in Sicherheit bringen.

Am Tage seines Begräbnisses wurde der tote Vater mit dem schwarzen Mercedes der Bestatterin Stimniker von der Leichenhalle in Feistritz nach Kamering überführt und in der Kirchenvorhalle, unmittelbar neben dem menschengroßen, armlosen, an der Nordwand befestigten Jesus aufgebahrt, der vor dem Zweiten Weltkrieg von zwei Männern in den Wald geschleppt und über einen Wasserfall hinuntergestürzt worden war und jahrzehntelang im Flur des Pfarrhofs gestanden hatte. Die Arme des Gekreuzigten, die beim Aufprall auf den Steinen im Bachbett vom Körper brachen und über Stock und Stein geschwemmt wurden, konnte der Pfarrer Franz Reinthaler, der den Torso barg und in den Pfarrhof brachte, nicht mehr finden, dafür aber, so erzählte er immer wieder beim samstägigen Religionsunterricht und bei seinen sonntägigen Moralpredigten, haben die Frevler im Hitlerkrieg ihre beiden Arme verloren, mußten mit hölzernen Armprothesen weiterleben, an denen eiserne Haken angebracht waren, damit sie zur Arbeit gehen konnten, von ihren Frauen und Kindern bis an ihr Lebensende gefüttert werden und wurden, als sie frühzeitig starben, nicht einmal mit gefalteten Händen, dafür aber neben den Selbstmördern außerhalb der Kirchenmauer begraben. Nicht einmal mit zum Gebet gefalteten Händen konnten die Christusschänder im Sarg liegen! rief der Pfarrer Franz Reinthaler von der Kanzel, das war die Strafe Gottes für ihre Freveltat! Bis in alle Ewigkeit werden ihre Seelen in der Hölle schmoren, sie werden zu keiner Ruhe mehr kommen! Am frühen Nachmittag des Tages, an dem der Leichnam des Vaters von der Feistritzer Leichenhalle in die Kameringer Kirchenvorhalle überführt wurde, fand schließlich sein Begräbnis statt. Der Sarg mit den sterblichen Überresten wurde in die Kirche Maria in Dornach hineingetragen und schließlich nach dem Gottesdienst, nachdem der schwarzgekleidete Priester Weihwasser verspritzend und mit dem Weihrauchfaß mit den glühenden Kohlestückchen, auf denen der Kirchenweihrauch verbrannte, rund um den mit Blumenbuketts und Blumenkränzen geschmückten Sarg gegangen war, im Familiengrab, im Grab seines Vaters und seiner Mutter, die über vier Jahrzehnte zuvor gestorben waren, in Anwesenheit einer großen Trauergemeinde und einer ebenso großen Freudengemeinde begraben in einem tiefen Erdloch, in dem sich mehrere von den Spatenstichen halbierte Regenwürmer krümmten. Selbst die Feinde des Vaters, weibliche und männliche, mit denen er über Jahrzehnte kein Wort gesprochen hatte, ließen es sich nicht nehmen, vor dem Abschiedsgottesdienst die erste Reihe der Kirchenbänke entlangzudefilieren und den engsten Verwandten, vor allem der Witwe, meiner Mutter, der Schwester und den Brüdern, Beileid zu wünschen, Beileidswünscher, die froh waren, daß er, der das ganze vergangene Jahrhundert mit den zwei Weltkriegen überlebt hatte, schließlich und endlich doch noch ans Ende seiner Tage gekommen war, denn manche hatten schon befürchtet, daß er, der sich noch im Alter von fünfundneunzig Jahren einen Traktor gekauft hatte und damit noch über ein Jahr lang, solange es ihm sein Augenlicht erlaubte, grinsend landauf und landab gefahren war und sich, an Friedhofsmauern vorbeifahrend, um keine Grabinschrift geschert hatte, unsterblich und unausrottbar sein könnte. Sein dicker Bruder, der Onkel Pepe, ließ sich, mehr als ein Jahrzehnt vor seinem Tod, auf dem Friedhof in Paternion einen Grabstein mit seinem Namenund seinem Geburtsdatum errichten. Nach seinem Tod mußte der Steinmetz nur mehr sein Sterbedatum einmeißeln und mit goldfarbenem Lack auspinseln. Oft hatte der Pfarrer Franz Reinthaler, dem jede Eitelkeit fremd war und der einmal die mit Wasserstoff aufblondierte und hochgesteckte Frisur einer jungen Bäuerin halb anonym, aber trotzdem für die Gläubigen unverkennbar – »Sie hat eine zusammengeknüllte Illustrierte im Haar!« – verhöhnt und verspottet hatte, wenn er von Tod und Sterben sprach, von der Kanzel gedonnert: »Das heißt nicht mein Beileid, sondern mein Mitleid!«, aber ein halbes Jahrhundert lang hatte sich niemand im Dorf seine Worte zu Herzen genommen, sie streckten nach wie vor bei jedem Leichenbegängnis ihre Hände aus und sagten süßelnd, herzerwärmend, mit gebrochener Stimme oder auch kalt und trocken: »Beileid!« Und im besten Falle: »Mein Beileid!« Die engen Verwandten des Toten nannte der Pfarrer Franz Reinthaler »Die Hinterbliebenen«, und die Totenrede, als der Sarg meines verstorbenen Großvaters zur Aussegnung in der Kirche stand, begann er mit den Worten an meine Großmutter »Liebe Frau Enz!«

und schließlich an die Verwandten gerichtet »Liebe Hinterbliebene!« Da ich beim Begräbnis meines Großvaters Josef Winkler vulgo Enz als Verwandter des Toten nicht ministrieren durfte, wußte ich, bei der Verabschiedung in der ersten Kirchenbankreihe sitzend, daß ich ein »Hinterbliebener« bin.

Während des Begräbnisses, als der tote Vater mit dem Auto der Leichenbestatterin Stimniker das letzte Mal an seinen Feldern, die er über acht Jahrzehnte beackert hatte, entlanggefahren wurde, meine Mutter, die Schwester und meine Brüder aus unserem Elternhaus mit den Totenkränzen auf den Schultern über den lotrechten Balken des kreuzförmig gebauten Dorfes, das zur Jahrhundertwende, wenige Jahre vor der Geburt meines Vaters, als Kinder auf einer Tennbrücke zündelten und der Wind die Flammen eines brennenden Heubündels in den Stadel hineintrieb, fast vollkommen abbrannte – sechsundzwanzig Objekte wurden eingeäschert – und unmittelbar danach wieder kreuzförmig aufgebaut wurde, zum Friedhof gingen, standen der Frommel Adam und sein Sohn, der ebenfalls Adam heißt, zwei Dorfbauern, die nicht zum Begräbnis gingen, in ihrem Hof an der immer wieder aufjaulenden Kreissäge der Holzschneidemaschine und störten mutwillig die andächtige Stille und das Geläute der Glocke, die den Toten, wie es im dörflichen Sprachgebrauch heißt, zu seinem letzten Erdenweg hinausläutet. Seit der Frommel Adam, der einmal bei einer Nachbarschaftssitzung, als über die Holzschlägerungen der Kameringer Auen, die allen Dorfbauern gehörten, und über die Nutzung und Wartung des gemeinsamen Mähdreschers gesprochen wurde, meinen Vater in der verrauchten Gaststube mit den Worten: »Wenn ich deine Schandtaten aufzähle, dann kannst du dich unter dem Tisch verkriechen!« öffentlich verleumdet und den Ehrenbeleidigungsprozeß verloren hatte, weil er keine Schandtaten aufzählen konnte, sprachen sie, deren Höfe eng nebeneinander stehen, jahrzehntelang kein Wort mehr miteinander. Und am Tage seines Begräbnisses, nachdem sie, ein paar Tage zuvor, versteckt hinter der immer noch im Gemüsegarten meiner Mutter stehenden Buchsbaumstaude, die der Frommel Adam, der, vor dem Strauch stehend, das Hackbeil schon in den Händen, längst abhacken wollte, da die Äste seine Hauswand berühren, aus dem Badezimmer schauend, endlich den Leichenwagen gesehen und es sich auch bald herumgesprochen hatte nach dem Zügenläuten, daß der alte Enz gestorben war, zerstückelten sie das Holz für ihre Winteröfen, aber die süßelnde, inzwischen auch alt gewordene, nicht mehr mit Stöckelschuhen durchs Dorf pfauende Frau vom Frommel Adam, die Heidemarie Frommel, die nun bescheidener geworden ist, die sich aber bei sonntäglichen Messen keine geweihte Hostie entgehen läßt, den Leib Christi mit Haut und Haaren verschlingt und keine Illustrierte mehr, weder den *Stern* noch die *Quick*, die wir als Kinder dann und wann, wenn auch unter dem Gemurre ihres Gatten, von ihrer Familie ausborgen durften, um in eine andere Bilderwelt einzutauchen mit der vollbusigen Sophia Loren, der Gina Lollobrigida und der Raquel Welch, als zusammengeknüllte, färbige Pracht in ihrem mit Wasserstoff aufblondierten Haar trägt, war zum Begräbnis meines Vaters gekommen, und mit ihrer seit Jahrzehnten wohlbekannten süßelnden und vertrauenerweckenden Stimme und ihren Beileidswünschen in der ersten Reihe der Kirchenbank zur Stelle.

Die vom Tod des Vaters getroffene Gattin, meine Mutter, und die Kinder mußten auch noch »Danke!« sagen für ihre Beileidswünsche, statt mit brennenden Kerzen in der Kirche herumzuwerfen, über den blumenübersäten Sarg hinweg und mit dem Ewigen Licht den Tabernakel abzufackeln, während der Frommel Adam und sein Sohn, mit der Kreissäge Knochen und Schädel des Toten zerstükkelnd, die Schandtaten des Lebenden und die Schandtaten des Toten aufzählten, in den Lärm der aufjaulenden Kreissäge Worte der Glückseligkeit hineinschrien, schließlich den Sarg vierteilten und sich gegenseitig lachend mit dem feinen, noch warmen Sägemehl bewarfen und bestäubten.

Ein Jahr vor seinem Tod rief mich der achtundneunzigjährige Vater eines Abends, an einem Sommertag, in Klagenfurt an und schrie ins Telefon: »Sepp! Was bist denn du für ein Schwein, ein richtiger Sauhund bist du! Was hast du denn schon wieder über den Lemmerhofer Frido geschrieben? Seine Frau soll ihn in den Schweinstall geworfen haben, besoffen soll er gewesen sein, und die Schweine sollen ihm die Hoden abgefressen haben, während er ohnmächtig vom Suff im Dreck gelegen ist? Das stimmt ja alles nicht! Das hat mir der Lemmerhofer auf der Gartenbank erzählt. Was bist denn du für ein Mensch! Ich sage dir nur eines! Wenn ich einmal nicht mehr bin, dann möchte ich nicht, daß du zu meinem Begräbnis kommst!« Danach warf er den Telefonhörer auf die Gabel, unter den an der Wand hängenden braunstichigen Fotos aus den Dreißigerjahren, auf denen der noch jugendliche Vater am Kirchenfeld, das er von der Diözese Gurk gepachtet hatte, auf der neuen, von zwei Pferden gezogenen Mähmaschine saß. Am nächsten Morgen rief die Schwester Apollonia an und ließ mir vom Vater ausrichten, er habe Angst, daß ich bei seinem Begräbnis erschlagen würde. Am Rande dieses unmittelbar an den Kirchhof grenzenden Kirchenfeldes, an der Friedhofsmauer, befanden sich der zweite Gemüsegarten meiner Mutter und der Karner, in dem einst die Knochen und die Totenköpfe der Verstorbenen gesammelt und aufgestapelt wurden, besonders nach einer schweren Überschwemmung der Drau, als der nördliche Teil des um die Kirche errichteten Friedhofs von den braunen Fluten weggerissen wurde, die halbverwesten Leichen und die Särge mit den frisch Verstorbenen in den Fluten schwammen, manche fort in die Drau geschwemmt wurden und andere, als das Wasser wieder zurückwich, soweit man sie noch identifizieren konnte, aus dem Schlamm geborgen, neuerlich in den Familiengräbern bestattet und die mit Erde und Schlamm gefüllten Totenschädel und die Knochen im Karner aufgestapelt wurden. Holzkreuze schwammen in den überfluteten Getreidefeldern, die Eisenkreuze blieben im Schlamm stecken. Als ich einmal, nachdem ich mich ein Jahr lang in der Schweiz aufgehalten hatte und zur Goldenen Hochzeit meiner Eltern nach Kärnten gereist war, dem Vater erzählte, daß ich, um den Gottesdienst nicht weiter zu stören, mit dem unruhig in der Sitzbank hin- und herwetzenden zweijährigen Kasimir aus der Kirche ging, das Kind auf der Friedhofsmauer lief und wir an eine Stelle kamen, wo ich auf einem Abfallhaufen die erdigen Knochen eines Toten liegen sah, die offenbar aus einem Grab geworfen worden waren, sagte der Vater: »So etwas möchte ich nicht erleben, das dürft ihr mir nicht antun, wenn ich einmal nicht mehr

bin!« Nach einer Beerdigung hat früher der Totengräber die Knochen, die er beim Ausheben des Grabes fand,
nach der Messe und den Trauerfeierlichkeiten, bei denen
der Sarg an Stricken, mit denen sich die Dorfjugend erhängt, Kälber auf die Welt gezogen und Kinder geschlagen werden, in die Erde hineingelassen wurde und die
Trauergemeinde den immer noch vor dem offenen Grab
stehenden Verwandten noch einmal kondolierte, auf den
Sarg gelegt, bevor er das Loch zuschaufelte. So thronte
dann und wann der Totenschädel der verstorbenen Mutter oder des verstorbenen Vaters auf dem Sarg ihres nun
ebenfalls verstorbenen, eingesargten Nachkommen. Die
Särge der Erwachsenen waren schwarz, die Särge der Jugendlichen blau und die Särge der Kinder weiß. Schwarz,
blau oder weiß waren auch die Schleifen an den Blumenkränzen. Niemals warteten die engsten Angehörigen der
Toten, bis der Totengräber das Grab zugeschaufelt, die
Kränze und Blumenbuketts am Grabhügel arrangiert hatte. Unmittelbar nachdem die Trauergäste im Gänsemarsch
am offenen Grab vorbeidefiliert waren, gingen die Hinterbliebenen zurück ins Trauerhaus. Von einem *offenen
Grab* sprach man, wenn der Sarg bereits in die Grube eingelassen war. War das ausgehobene Grab noch leer, sprach
man von einer ausgeschaufelten Grube oder von einem
ausgehobenen Erdloch. Kurz bevor in der Kameringer
Kirche die Goldene Hochzeit meiner Eltern gefeiert wurde, starb im Krankenhaus in Villach der Bauer Peter
Irasch, der in Kamering zu Grabe getragen wurde. Sein
Sarg wurde ins frisch ausgehobene Erdloch eingelassen,
und die noch vorhandenen Knochen seiner Mutter wurden aus dem Grab geworfen und lagen vor dem Hinter-
eingang des Friedhofs neben einer Mülltonne auf einem

Erdhaufen, als Kasimir auf der Friedhofsmauer lief. Seit dieser schweren Überschwemmung existiert der Friedhof, weggerissen und weggeschwemmt von den braunen, das hochgewachsene Getreide zerstörenden Fluten, nur mehr hufeisenförmig an der südlichen Seite. Die Überschwemmung hatte den um die Kirche Maria in Dornach gelegten Kranz der Gräber und Toten, der Kruzifixe und Grabsteine, zerstört. Mit dem Namen Maria in Dornach wurde die Kirche getauft, weil einem Gläubigen die Jungfrau Maria in einer scharlachrote Früchte tragenden, dornigen Berberitzenstaude erschienen war. Von den Überschwemmungen der Drau wurde der an dieser Stelle aufgestellte Bildstock mehrmals zerstört, aber er wurde immer wieder neu aufgestellt.

ROPPONGI

»Da die Dorfbewohner voller Mordlust zu sein schienen, war es gut möglich, daß im Laufe der Nacht die Leute aus dem ›Haus, wo's regnet‹ einer nach dem anderen verschwinden würden. Alle fühlten sich bei dem Gedanken daran ein wenig unbehaglich. Selbst der Steinmörser, den Tama-yan betätigte, gab ein merkwürdiges Mahlgeräusch von sich …«

ALS DER VATER STARB, hielten wir uns in Japan auf – der neunjährige Kasimir und die zweijährige Siri waren auch dabei –, fuhren mit dem Auto von Tokio in die Berge von Nagano, vorbei an rauchenden Vulkanen, zu einem Literatursymposion. An seinem Todestag, einem Samstag, bei einer Veranstaltung in Nagano, als ich Geschichten vom Ackermann aus Kärnten vorgelesen und danach mit den Zuhörern besprochen hatte, kamen mir die Worte von den Lippen: »Wenn er heute stirbt, ich fliege nicht zu seinem Begräbnis zurück!«, aber als wir dann am darauffolgenden Montag auf dem Rückweg von Nagano, noch im letzten Moment die wegen eines drohenden Vulkanausbruchs errichteten Straßensperren passierend, in Tokio ankamen und beim österreichischen Botschafter im Stadtteil Roppongi, wo wir im International Guest House wohnten, zum Mittagessen eingeladen waren – Kasimir und ich verspäteten uns, da wir in einem Spielzeugladen Yogyo-Karten suchten, auch den Eingang des Botschaftsgebäudes nicht sofort fanden –, stand der Sekretär des Botschafters mit einem Zettel in der Hand auf der Straße vor der weinenden, die zweijährige Siri im Arm haltenden Kristina. Mein in Deutschland lebender Bruder Stefan suchte uns verzweifelt, es war ihm nur bekannt, daß wir uns in Japan aufhielten, und ich hatte, da wir nur vierzehn Tage lang unterwegs sein würden, mich von niemandem verabschiedet, hatte im Elternhaus keine Adresse, keine Telefonnummer hinterlassen, wo ich zu erreichen wäre. Ich dachte immer wieder, auch als der Vater achtzig und neunzig Jahre alt war, daß er, der bis auf seine letzten Lebenswochen nie tagelang bettlägrig war, wohl noch den kommenden Winter übertauchen werde. Man hatte immer Sorge, daß er sich im Winter eine Lungenentzündung holen könnte, denn er schonte sich auch als Neunzigjähriger nicht und kam oft erschöpft, mit eingefallenen Wangen und verschwitzt, von Holzarbeiten aus dem Wald zurück. Selbst dann, als er im Alter von fünfundachtzig Jahren den Hof an seinen ältesten Sohn Bruno Miklau übergeben hatte, arbeitete er, besonders in den ersten Jahren nach der Übergabe, von früh morgens bis spät abends, half dem Hoferben bei den Stall- und Feldarbeiten ein ganzes Jahrzehnt lang, bis zu seinem fünfundneunzigsten Lebensjahr. Über ein halbes Jahrhundert hinweg kann ich mich nicht erinnern, daß er einmal eine ganze Siebentagewoche im Bett gelegen oder gar ein Arzt zu ihm gekommen wäre, der nach einer Penicillinspritze gekramt hätte in seiner schwarzen Doktortasche. Erinnern kann ich mich nur an seine immer wiederkehrenden Kreuzschmerzen, die er mit einem löchrigen Hansaplast-Wärmepflaster, das wir öfter mit einem Fahrrad im Nachbardorf Paternion in der Apotheke holen mußten, zu kurieren versuchte. Das Wärmepflaster enthielt Cayennepfefferdickextrakt und roch nach einer Gewürzmischung, deren Aroma ich als Kind immer mit einer selten verschenkten Zärtlichkeit verband, denn besonders sanft war er, wenn er, das löchrige Wärmepflaster auf dem Rücken, gekrümmt mit einer Heugabel die Futterbarren im Stall entlangging – oder wenn seine Oberkieferprothese in Reparatur, er verlegen war und nicht ohne eine lächerliche Figur zu machen und clownhafte Grimassen zu schneiden schreien, uns zur Arbeit rufen konnte. Vor über einem Jahrzehnt erzählte die Mutter zu meiner Überraschung, daß er mich als Kind nie auf den

Schoß genommen haben soll. Tatsächlich kann ich mich nicht erinnern, jemals auf seinem Schoß gesessen zu haben. Damals lebte der Großvater noch, sein Vater, dem er sich sein ganzes Leben lang unterworfen hatte, in dessen Anwesenheit er es nie wagte, mir gegenüber Zuneigung zu zeigen, der Großvater, der mich ablehnte, dem meine Widerspenstigkeit mißfallen hatte, der morgens, wenn meine Mutter noch im Stall die Schweine fütterte, zu meinem zwei Jahre jüngeren Bruder und zu mir ins Schlafzimmer kam und uns, die wir aufgewacht waren, ankleiden wollte. Ich wehrte mich mit Händen und Füßen gegen seine kalten Hände und schrie, bis die Mutter kam. Immer wieder sagte er über mich: »Der schreit wie am Spieß!« Als ich fünfzehn Jahre alt war und wie mein Freund Emanuel Wenger eine Beatlesfrisur trug, haßte mich der Vater und beschimpfte uns als Gammler und Sandler, schrie mich im engen Flur des Bauernhauses an, wo wir aneinanderstießen, wann ich denn endlich wieder einmal zum Friseur ginge, wie ich denn aussähe mit meinen Haarfetzen und daß man sich für mich schämen müsse. Und als es dann einmal zwischen meinem jüngeren Bruder und mir, den ich als Kind nachts öfter »Heiliger Himmel! Heiliger Himmel!« rufen hörte, im Sterbezimmer der Großeltern zu einer lautstarken Rangelei kam, bei der wir die Tischplatte des großelterlichen, gelb lakkierten und schwarz umrandeten Tisches zerbrachen, auf dem zu Lebzeiten der Großeltern jährlich der glitzernde Christbaum stand und letzten Endes von den Ärzten für die verstorbenen Großeltern die beiden Totenscheine hinterlegt wurden, ging der den Streit zwischen mir und meinem Bruder wahrnehmende, über die Stiege eilende Vater, ohne zu fragen, wer denn Schuld habe, sofort auf mich los, aber ich trat zwei Schritte zurück, öffnete meine Arme und rief: »Schlag, schlag zu, ich spüre nichts mehr!« Er zuckte zusammen, drehte sich um, ging über die Stiege und wagte nie mehr einen Kommentar zu meiner Frisur oder zur verlotterten Levisjeans. Eine Zeitlang später, er stand mit seiner blauen, mit Stallmist befleckten Arbeitshose und mit seinen kotigen Goisererschuhen an der Küchentürschwelle, während ich mit einem aufgeschlagenen Buch am Küchentisch saß, flehte er mich an: »Sepp! Mach uns keine Schand!« Mir traten Tränen in die Augen, ich schüttelte meinen Kopf, schaute mit verschwommenem Blick ins Buch hinein, immer wieder denselben Satz lesend.

Der Bruder Stefan schickte aus Würzburg eine Mail an die österreichische Botschaft in Tokio, erkundigte sich nach mir und war, da die Botschaft das Literatursymposion in Nagano mit organisiert hatte, an der richtigen Adresse. Auf dem Papier, das der Botschaftssekretär, der schon nach uns Ausschau gehalten hatte, auf der Straße in der Hand hielt, stand zu lesen, daß ich wegen eines Todesfalles in der Familie zu Hause anrufen solle. Ich konnte mir vorstellen, daß der Vater gestorben war, aber da sich der Bruder ungenau ausdrückte, war ich verunsichert. Vielleicht, dachte ich, ist die fast zwanzig Jahre jüngere, aber auch schon über achtzig Jahre alte, jahrzehntelang Psychopharmaka schluckende Mutter gestorben oder die ebenfalls jahrzehntelang Psychopharmaka schluckende Schwester Apollonia könnte sich das Leben genommen haben. Der Botschafter, der bereits vom Todesfall wußte und mich an der Türschwelle des Botschaftsgebäudes begrüßte, reichte mir ein Glas Cognac mit den Worten:

»Zur Beruhigung!«, aber ich war zu keinem Gespräch fähig, stellte mich abseits, durchwanderte, das Glas Cognac in der Hand, die großen, mit Biedermeiermöbeln ausgestatteten Räume, schaute auf die Bilder an den Wänden, ohne die Motive wahrzunehmen, trat ans eine, dann ans andere Fenster. Vor einer wandgroßen Glasscheibe stehend, schaute ich in den Garten hinaus, auf einen Teich, auf große, bedächtig schwimmende und ihre breiten Mäuler immer wieder öffnende, orangefarbene japanische Wakin-Fische, als ein weißer Reiher mit weit auseinandergebreiteten Flügeln am Rande des Teiches aufsetzte und mit seinem Schnabel ins Grünzeug hineinpickte. Der tote Vater hat sich also, dachte ich in diesem Augenblick des Schreckens, der Trauer, Sentimentalität, der Zufriedenheit und des Glücks, in der Gestalt eines weißen Reihers noch einmal bei mir blicken lassen, bevor er unter die Erde geschaufelt wird mit seinen langen dünnen roten Beinen, mit seinem erdig gewordenen spitzen, langen Schnabel, auf der Suche nach den Würmern seines zukünftigen Grabes in Roppongi. Am langen, weißgedeckten Mittagstisch im Salon der Botschaft starrte ich auf die unruhig sich im Kreis drehenden goldenen Fettaugen der Fritattensuppe, die der Vater, als wir Kinder waren, in einer der seltenen Stunden des Glücks, beim gemeinsamen Mittagessen »Spielleute« nannte, und auf die millimeterlangen, zwischen den Fettaugen schwimmenden, grünen Schnittlauchschnipsel. Ich nahm das silberne Eßbesteck in die Hand, rührte von den Fleisch- und Fischspeisen keinen Bissen an, legte Messer und Gabel wieder lautlos auf die weiße Stoffserviette, reichte dem Ober mein leeres Glas, stand vom Tisch auf, durchwanderte den Speisesaal, trat mit dem wieder aufgefüllten Glas Cognac an die wandgroße Glasscheibe und schaute auf die großen, dicken, orangefarbenen Wakins mit ihren aufgerissenen und vorgestülpten Mäulern, die immer wieder mit ihren Köpfen aus der Wasseroberfläche auftauchten. Der weiße Reiher war inzwischen verschwunden, und der Tod des Vaters kam wie gerufen, sein Fluch war in Erfüllung gegangen. – Wenn ich einmal nicht mehr bin, dann möchte ich nicht, daß du zu meinem Begräbnis kommst! – Nun war ich tatsächlich mehrere tausend Kilometer entfernt von seinem Sterbebett und von seinem Erdloch, das bereits ausgehoben war und in das sein Sarg mit Hanfstrikken hinabgelassen werden würde.

Zwei Stunden nach dem Mittagessen in der österreichischen Botschaft in Tokio, in den frühen Morgenstunden mitteleuropäischer Zeit, rief ich meinen Bruder in Deutschland an, der, aus dem Bett springend, ahnte, daß nun ein Anruf aus Japan kommen könnte, den Telefonhörer abhob und mir mit schlichten Worten, »Da Vota is gstorbn!«, sein Ableben mitteilte. Beim Schrecken, den ich empfand, war ich erleichtert, denn nun wußte ich, daß nicht die Mutter oder gar die Schwester gestorben war. An seinem Todestag am frühen Morgen, erzählte der Bruder, sei der Hausarzt gekommen, der ihm Vitamininfusionen geben wollte und der, als ihn die Schwester mit ihrer Beobachtung »Es geht ihm heute schlecht!« vorgewarnt hatte, zuerst mit seinem Stethoskop sein Herz abhorchte, seinen Puls betastete und feststellte, daß er bereits im Koma lag und das Herz nur mehr ganz schwache Impulse von sich gab. »Ich kann für Ihren Vater nichts mehr tun«, sagte der Hausarzt zur Schwester, »er wird wohl heute noch *wandern*!« Die Schwester Apollonia rief sofort un-

seren Bruder Bruno Miklau, den Hoferben an, der vier
Kilometer entfernt vom elterlichen Hof mit seiner Ehegattin Raudi Miklau, die sich für einen Rotkäppchenkorb
voller geweihter Hostien, um sich hundertfach ihren Leib
Christi mit Stoß- und Bußgebeten einverleiben zu können, in ein feuchtes und verschimmeltes Verlies werfen
lassen würde, seinen Haupthof bewirtschaftet, und wie-
derholte die Worte des Arztes. »Wos hast dos, *wondern*?«
fragte ihr Bruder Bruno. »Sterben wird er!« rief Apollonia ins Telefon vor den an der Wand hängenden eingerahmten, braunstichigen Fotos aus den Dreißigerjahren,
auf denen der noch jugendliche Vater auf der neuen Mähmaschine saß, die von zwei Pferden gezogen wurde, und
man deutlich an der linken, einen Lederzügel haltenden
Hand den Stummel seines kleinen Fingers sah, den er als
Dreijähriger bei Heuschneidearbeiten im Heustadel verloren, und vor einem Foto, das sein Bruder, der Onkel
Franz, mit seiner Hasselblad gemacht hatte, der im Zweiten Weltkrieg bei der SS in Nürnberg war – Ich war nur
am Schreibtisch, ich habe nichts getan, ich habe mir nichts
zuschulden kommen lassen! – und der auch einmal meine
Schwester Apollonia und meine beiden älteren Brüder,
Hans und Bruno, als Kinder, die nie zuvor einen Fotoapparat gesehen, abgelichtet hatte mit den Worten, bevor
er auf den Auslöseknopf drückte: »Paßts auf, Kinder, da
kommt der Teufel heraus!« Seither existiert ein Foto, auf
dem alle drei Kinder aus Angst vor dem Teufel bitterlich
weinen, der mittlere mit geschlossenen Augen und weit
geöffnetem Mund, der zukünftige Hoferbe mit weit geöffnetem Mund, aber offenen, vom Weinen ein wenig
zusammengekniffenen Augenlidern und die Schwester
Apollonia, die Älteste, eher winselnd als weinend, mit

offenen Augen und mit ihren strähnigen, langen Haaren, ihren linken Handrücken an den Mund drückend.

Weniger als sechs Stunden nachdem am frühen Morgen der Arzt gekommen war und angekündigt hatte, daß der Vater wohl noch heute sterben werde, erblickte Apollonia, die in der Küche das Geschirr vom Mittagessen gesäubert, danach in die Bauernstube gegangen war, sich hingesetzt hatte und schließlich den Kopf zum Bett hindrehte, ohne es zu wissen, bereits seine sterbliche Hülle. Es fiel ihr vorerst nur auf, daß der Vater nicht mehr laut atmete und sein Mund offenstand. Beunruhigt erhob sie sich, trat an ihn heran, berührte seine Hände, zuckte zurück, drehte sich um, ging in die Küche zu der unter dem Familienbild aus den Sechzigerjahren, auf dem auch noch die Großeltern abgebildet waren, sitzenden Mutter, die sich mit weit aufgerissenen Augen schnell erhob, Küche und Flur durchquerte und in die Bauernstube eintrat, wo in sich zusammengesunken, die prankenartigen Hände mit den schlechtgeschnittenen Fingernägeln auf der Bettdecke, ihr nun toter Mann lag, der bald, nachdem er aus dem Krieg zurückgekommen war und man sich dann und wann gesehen hatte im Dorf, der Fünfundvierzigjährige und die Fünfundzwanzigjährige, mit einer Leiter, die er aus der Holzhütte genommen und an die Mauer ihres bäuerlichen Elternhauses zwischen einem Aprikosenbaum und einer Weintraubenranke angelehnt hatte, in ihr kleines Zimmer stieg, wo unter einem Heiligenbild meine Schwester Apollonia gezeugt wurde. (Das erzählte er dann und wann, grinsend, in Anwesenheit seiner verlegen lächelnden und den Kopf zur Seite drehenden Frau, wenn wir gemeinsam das Familienalbum durchblätterten, die

Hasselbladfotos seinen Bruders betrachteten und er die dazugehörigen Geschichten zum besten gab.) Apollonia griff wieder zum Telefonhörer und läutete den Hoferben an. »Der Vater ist *verstorben*!« Jakob Winkler vulgo Enz war tot. Sein Hoferbe, der schon eine Woche zuvor dafür gesorgt hatte, daß ein Priester gekommen war, der dem Vater die letzte Kommunion reichte und die Sterbesakramente erteilte, ließ die Mistgabel fallen, fuhr mit seiner Gattin, deren Vater, als sie noch eine Jugendliche war, sich im Stall aufgehängt hatte und deren Bruder, ein Pyromane, im Gefängnis an Rauchgasvergiftung gestorben war, in sein Elternhaus nach Kamering, das nun, nachdem fast vier Jahrzehnte seit dem Tod der Großmutter vergangen waren und tatsächlich fast ein halbes Jahrhundert lang kein Verstorbener mehr aus meinem bäuerlichen Eltern- und Geburtshaus getragen werden mußte, wieder zu einem Totenhaus geworden war. *Seele Christi, heilige mich! Leib Christi, erlöse mich! Blut Christi, tränke mich! Wasser der Seite Christi, wasche mich! Leiden Christi, stärke mich! O gütiger Jesu, erhöre mich! In deine Wunden verberge mich! Von dir laß nimmer scheiden mich. Vor dem bösen Feinde beschütze mich. In meiner Todesstunde rufe mich. Und laß zu dir dann kommen mich, daß ich mit deinen Heiligen lobe dich, in deinem Reiche ewiglich.* Das Ehepaar säuberte nun den Leichnam, kleidete ihn, unter dem eingerahmten Bildnis des übermächtigen Vaters, in dessen einzigen Anzug, den er noch hatte, banden ihm eine rote Krawatte um den Hals, steckten ihm die geerbten Schuhe seines schon mehr als zwanzig Jahre zuvor verstorbenen Bruders, des Onkels Hans, der in Klagenfurt am Neuen Platz, wenige Meter vom steinernen Lindwurm entfernt, mit seiner Frau die Konditorei Rabitsch besessen hatte, an die Füße und wickelten ihm einen Rosenkranz um seine zum Gebet geschlossenen, auf seiner Brust liegenden Hände. Keine Blumen wurden in seinen Sarg gelegt, keine Astern und keine Gladiolen, keine Vergißmeinnicht, auch kein Almrausch, kein Enzian. Mit einem Büschel Almrausch und Enzian war er oft von der Alm gekommen, überglücklich, weil er all seine Kälber, Stiere und Ochsen, die vom Sommer bis in den Herbst hinein auf der Alm lebten, gesund angetroffen hatte, keines bei den Almgewittern vom Blitz erschlagen worden, keines von einem Felsen gestürzt und mit gebrochenen Beinen verendet war oder erschossen werden mußte. Er brachte den Almrausch mit den rosaroten kleinen Blüten und die blauen Enziankelche, die er sich zwischen Hut und Krempe gesteckt hatte, immer als ein Geschenk von der Alm, das er auf den Küchentisch legte, drückte die Blumen aber niemals seiner Frau in die Hand. Der Almrausch mit den kleinen rosaroten Blüten wurde in eine Vase eingefrischt, die kleinen blauen Enziankelche wurden kreisrund in ein gläsernes Dessertschüsselchen gelegt und ebenfalls aufs breite Fensterbrett gestellt.

Der Vater hatte sich in den letzten zwanzig Jahren seines Lebens nichts mehr gegönnt, selbst die geerbten Hemden seines Bruders trug er auf, kein neues Paar Schuhe, kein neues Hemd, es sei denn, seine Frau legte ihm ein Hemd, eine lange Unterhose oder ein paar selbstgestrickte Wollsocken zu Weihnachten unter den Christbaum, nicht einmal einen neuen Hut, und der einzige, nicht zerschlissene Anzug, den er noch hatte, wurde schließlich dem steifen Körper über den Leib gezogen. Gekauft hatte er sich, fünf Jahre vor seinem Tod, als er die Mistgabel endgültig aus der Hand gelegt hatte, einen Steyrtraktor, ein Modell, mit dem er in den Fünfzigerjahren des vergangenen Jahrhunderts das erste Mal über die damals noch unasphaltierte Dorfstraße auf die Felder gefahren war als König auf einem Thron, mit einem auf der Höhe seines Kopfes schwarz rauchenden und stotternden Auspuff, mit großen schwarzen Gummirädern. Die Zugpferde, die schwarze, schon alte Onga und der braune Fuchs, solange sie noch lebten, verließen den Stall nur mehr, um von den Kindern am Zügel des Pferdegeschirrs – mein Handrücken berührte die weichen, schlotternd schnaubenden und stoßweise faulig feuchten Geruch ausblasenden Pferdenüstern – zum Brunnen, zur Tränke, geführt zu werden.

Am frühen Samstagabend, als dann die in Kärnten lebenden Geschwister mit ihren Familien betend um sein von brennenden Kerzen beleuchtetes Totenbett herumstanden, schließlich auch ein der Familie fremder, an diesem Wochenendtag diensthabender Arzt auftauchte, der den eingetretenen Tod feststellte, den unterschriebenen Totenschein auf den Tisch legte, dem Sterbezimmer wieder den Rücken kehrte, und der Pfarrer und die Leichenbestatterin Stimniker gekommen waren, wurde der Verstorbene eingesargt, der Deckel, auf den ein Kruzifix genagelt war, auf dem Sargunterteil zurechtgerückt, zugeschraubt mit den vier vergoldeten Sargschrauben, der Sarg schließlich vom Priester aus dem Haus gesegnet und von dem Bestattungsunternehmen nach Feistritz in die Leichenhalle gebracht, die über die behördlich verordneten hygienischen Voraussetzungen, Toilette und Waschbecken, verfügte. Mit den geerbten Schuhen seines Bruders, unseres Onkels Hans, dem braunen Kärntneranzug, der roten Krawatte, weißem Hemd, die von einem Rosenkranz umwickelten Händen zum christlichen Gebet gefaltet und, wie es hieß, wohlversehen mit den heiligen Sterbesakramenten, lag er in der Feistritzer Leichenhalle, umgeben von Blumenkränzen, im Sarg. In den beiden Nächten der Aufbahrung seiner sterblichen Hülle wurde, seinem Wunsch entsprechend, damit seinen Leichnam niemand fortschleppen oder gar in die Drau werfen konnte, die Aufbahrungshalle zugesperrt. Den Schlüssel der Aufbahrungshalle legte sich in den beiden Nächten der Hoferbe unter das Kopfpolster.

Die Schwägerin meines Vaters, die dicke Tant Mitze, Konditormeisterin und Besitzerin der Konditorei Rabitsch am Neuen Platz in Klagenfurt, starb nahezu vier Jahrzehnte vor meinem Vater, zwei Tage vor dem Heiligen Abend, wenige Tage nachdem sie uns die vielfältigsten Süßigkeiten für den Christbaum – Schokolademond, Schokoladerauchfangkehrer, in Goldpapier eingepackte Hufeisen, grüne Vierklee, mit Nußcreme gefüllte Schokoladtannenzapfen, Schokoladescheren und Schokolademesserchen – auf den Bauernhof geschickt hatte, die Tant Mitze, die Jahre zuvor, an einem Sommertag, als der Großvater noch lebte, mit ihrem Mann, dem Onkel Hans, uns Kinder in einer Kühlhaltebox das erste Speiseeis unseres Lebens gebracht und die wiederum, bei anderer Gelegenheit, in einem Geschenkpaket die orangefarbenen, schmalen, länglichen Dosen von Zanulli geschickt hatte, in denen Himbeerbonbons aneinanderpickten, die zwischen den Zähnen der Kinder wie aufeinanderfallende Eiswürfel klirrten, Dosen, in die später, als die Süßigkeiten vernascht waren, die Mutter verschiedenfarbige Stopfwolle hineinsteckte und hineindrückte. Aus den überraschend im Laufe des Jahres auftauchenden Geschenkpaketen des Konditorehepaares aus Klagenfurt lernten wir auch die schmalen, kleinen, scharfkantigen Fischdosen kennen mit den salzigen, in Olivenöl eingelegten roten Sardellen, die wir, kaum in den Mund genommen, vor der Tür ausspuckten. Nur wenige Jahre vor dem überraschenden Tod der Tant Mitze besuchten wir Drautaler Dorfvolksschüler zum ersten Mal die Landeshauptstadt Klagenfurt. Wir waren vielleicht elf Jahre alt, ich bleich und schmal, mit tiefen Ringen unter den Augen, trug einen Lodenanzug, geschneidert vom kleinen, buckligen Paternioner Dorfschneider Laber. Am Hauptbahnhof in Klagenfurt stiegen wir aus dem Omnibus und sollten, die Bahnhofstraße hinauf, in die Stadtmitte, zuerst einmal auf den Neuen Platz, zum Wahrzeichen der Stadt Klagenfurt, zum Lindwurm, gehen. Als wir auf der Höhe des Geburtshauses von Robert Musil angekommen waren, grüßten wir jeden an uns vorbeigehenden Menschen. Zu jeder auf uns zukommenden Frau und zu jedem Mann sagten wir: Grüß Gott! Immer wieder, Schritt auf Tritt, wenn wir Menschen begegneten, sagten wir: Grüß Gott! Die einen freuten sich über die höflichen Kinder, andere wiederum waren verblüfft, manche fühlten sich gehänselt und gingen schnell, hochnäsig auf die Bauernkinder herabschauend, an uns vorbei, aber die Mehrzahl erwiderte unseren Gruß, bis uns der Lehrer Emanuel Wenger zu verstehen gab, daß wir die Leute in der Stadt nicht grüßen müßten. Ich war erschrocken, denn das erste Mal in meinem Leben sollte ich grußlos an Menschen vorbeigehen, denn ich grüßte im Dorf doch auch die dann und wann auftauchenden Sommerfrischler aus Deutschland, die ich nicht kannte und die ein so schönes Deutsch sprachen, daß ich mich mehr und mehr für meinen Kärntner Dialekt zu schämen begann. Mit hochrotem Kopf, denn mein katholisches Gewissen war – wie immer – ein schlechtes, ging ich, in Begleitung meiner Mitschüler und unseres Lehrers, die Bahnhofstraße hinauf, schaute alle auf uns zukommenden Leute an, um an ihren Gesichtszügen meine Enttäuschung abzulesen. Am Neuen Platz angekommen, nachdem wir mehrmals um den steinernen Lindwurm herumgegangen waren, führte ich stolz meine Mitschüler in die wenige Meter entfernt gelegene Konditorei Rabitsch, zur Tant Mitze und zum Onkel Hans, die jedem meiner Mitschüler eine hausgebackene Schaumrolle gaben. Mit dem weißen Schaum auf den Lippen gingen wir wieder am Lindwurm vorbei, auf den Alten Platz zu und schauten zur goldenen, an der Spitze der Pestsäule angebrachten Sichel hinauf.

Nach dem Tod der Tant Mitze, nachdem sie, zum Entsetzen der Melange trinkenden Gäste, heftig schnaufend, die Hände auf die Brust gelegt, den Kopf erhoben, röchelnd und nach Atem ringend, hinter der Konditoreitheke umgefallen und auf der Stelle tot gewesen war, verfiel ihr Mann, der Onkel Hans, der nicht einmal zum Begräbnis auf den Annabichler Friedhof gehen konnte, weil er schwer betrunken war, vollkommen dem Alkohol. Er ließ sich im Schlafanzug mit einer Weinflasche auf dem Neuen Platz blicken und beschimpfte den tausende Kilo schweren steinernen Lindwurm. Einmal soll er dem Lindwurm eine Doppelliterflasche Rotwein an den Schädel geworfen und sich dabei an den wegspritzenden Scherben im Gesicht verletzt haben, so daß ihm im Klagenfurter Unfallkrankenhaus die Wunden genäht werden mußten. Lange blieben im großen, weit aufgerissenen Maul des Lindwurms die Glasscherben liegen, ehe sie herausgeräumt wurden. Er starb vereinsamt, am Neuen Platz Nummer zehn in Klagenfurt, im ersten Stock, unmittelbar über der Konditorei, die er nach dem überraschenden Tod seiner Frau verpachtet hatte. Mitbewohner des Hauses stellten Verwesungsgeruch fest, Feuerwehr und Polizei öffneten seine Wohnungstür. Im Schlafanzug lag er, unrasiert und mit offenem Mund und weit aufgerissenen Augen, in seinem Bett, auf dem Boden die umgekippte Weißweinflasche. Da das Ehepaar keine Kinder hatte und mein Vater den bescheidenen Nachlaß erbte – auch eine Anzahl Schuhe, von denen ein Paar, Jahrzehnte später, zu seinen eigenen Totenschuhen werden sollte –, fiel des Onkels einziges Schmuckstück, das er noch in seiner muffig verschimmelten Wohnung hatte, der Schreibtisch, ein Sekretär aus den Dreißigerjahren, mir zu. Der Vater brachte den Schreibtisch mit Traktor und Anhänger von Klagenfurt ins sechzig Kilometer weit entfernte Dorf Kamering. Inzwischen steht dieser Schreibtisch wieder in Klagenfurt, geschmückt mit einer Karawane handbemalter indischer Holzelefanten, die ich Jahr für Jahr aus Varanasi mitgebracht habe, in meinem Schreibzimmer, unweit vom Neuen Platz und unweit der Stadtpfarrkirche, an der ich selten vorübergehe, ohne hochzublicken auf den Rundgang unter der Kirchturmspitze, von wo sich vor einigen Jahren zwei Studentinnen, Hand in Hand, in die Tiefe stürzten und tot auf dem Asphalt aufklatschten. Es ist die einzige Kirche in Klagenfurt, die ich, im Vorbeigehen auf den legendären Turm hinaufschauend – die beiden müde gewordenen Selbstmörderengel sehe ich auf der Stromleitung sitzen –, immer wieder betrete, um am Grab von Julien Green zu stehen, wo ich, eine Kerze anzündend, oftmals daran denke, daß damals, als Julien noch ein Kind war, seine eiskalte katholische Mutter, mit einem Kerzenleuchter in der Hand, die Decke von seinem Kinderbett wegriß, um zu sehen, was er denn so machte, und später, als Julien zu einem Jugendlichen herangewachsen war, die Bettdecke wiederum wegriß, ein gezücktes Messer in der Hand, mit den Worten: »Wenn du das noch einmal machst …!« Ihm, dem inzwischen Toten, der nicht einbalsamiert worden ist, bringe ich dann und wann ein Glas Löwenzahnhonig vorbei, das ich über seinem Grab hinter das traurige Bildnis der Schmerzensmutter stelle, das er so verehrt haben soll. Danach rufe ich den Monsignore Mairitsch an und sage zu ihm, daß er sich wieder ein Glas Löwenzahnhonig abholen könne am vereinbarten Ort. Und die beiden Selbstmörderengel, weit über dem Honigglasdeckel mit dem gelben Wabenmuster und über der Gruft von Julien Green, haben wieder abgehoben von den leicht wippenden Starkstromleitungen und fliegen ihm entgegen, der nun mehr und mehr verschwindet und sich auflöst in seinem Zinnsarg, wo er ihnen, da er nun wohl bald ganz fort sein wird, Platz gemacht hat, und nisten sich mit ihren langen weißen Flügeln in seinem Sarg ein, der eine weibliche Selbstmörderengel mit dem Gesicht am Kopfende des Schreins, der andere, ein wenig zusammengequetscht, mit dem Gesicht am engen Fußende des Sarges von Julien Green in der Stadtpfarrkirche, in Klagenfurt, wo sie sich ausruhen können und sich so lange nicht rühren, bis wieder die Tage des Löwenzahnhonigs kommen.

Noch bevor ich meinen Bruder Stefan in Würzburg anrief – ich wartete in Tokio noch zwei Stunden, denn nach mitteleuropäischer Zeit war es erst vier Uhr morgens, und zu dieser Zeit wußte ich noch nicht, daß tatsächlich der Vater und nicht ein anderes Familienmitglied gestorben war –, rief ein übereifriger, aus Kärnten stammender, in Tokio Deutsch unterrichtender Lehrer, der ebenfalls am Mittagessen in der österreichischen Botschaft teilgenommen und der uns mit seinem Auto von Tokio nach Nagano gebracht hatte, ohne mich zu fragen den Direktor der Austrian Airlines in Tokio an und erkundigte sich nach einem schnellen Rückflug, um mir, mit Tränen in den Augen, immer wieder ins Gewissen zu reden: »Das ist doch Ihr Vater, ich würde zurückfliegen zum Begräbnis!«, während mich andererseits eine Wiener Organisatorin des Literatursymposions, in dem viel vom Ackermann aus Kärnten die Rede gewesen war, an meine vollmundigen Worte in Nagano erinnerte: »Wenn er heute stirbt, ich fliege nicht zu seinem Begräbnis zurück!« Tatsächlich wurde ich aus dem Gewissenskonflikt erlöst, als die Nachricht kam, daß das Flugzeug der Austrian Airlines bereits vor ein paar Stunden nach Wien abgeflogen sei. Wir hätten augenblicklich den Mittagstisch in der österreichischen Botschaft verlassen, unsere Koffer packen, mit der Air France über Paris nach Wien und schließlich weiter nach Klagenfurt fliegen können und wären in Klagenfurt, wenn es bei den drei Flügen zu keinen Verzögerungen gekommen wäre, zwei Stunden vor dem tatsächlichen Begräbnis am Annabichler Flughafen angekommen, aber nach dieser Information gab auch der zuvorkommende und hilfsbereite Deutschlehrer auf: »Es ist zu spät! Sie würden wohl nicht mehr rechtzeitig zum Begräbnis kommen!« Ich war also erleichtert und erlöst, ich mußte mich nicht mehr damit beschäftigen, ob wir zurückfliegen oder in Tokio bleiben sollten. Mein Gewissen hatte es zwar hin- und hergerissen, aber dennoch spürte ich, als ich wieder alleine war, mich im Salon der Botschaft vor die Glaswand stellte, auf den Teich mit den nach Luft schnappenden, großen, orangenfarbenen Goldfischen hinausschaute in der Hoffnung, daß der weiße Reiher wiederkommen würde, daß ich, auch wenn das Begräbnis einen Tag später stattgefunden hätte, in Roppongi geblieben wäre, denn einerseits hatte er über ein Jahr lang seine Worte: »Wenn ich einmal nicht mehr bin, dann möchte ich nicht, daß du zu meinem Begräbnis kommst!« nicht widerrufen, auch wenn er mich, wenn ich ihn ein paar Monate nach diesen Worten im Elternhaus wieder besuchte, nicht mehr auf seinen Fluch angesprochen oder ihn gar wiederholt hatte, andererseits war ich froh, die Heuchler und Beileidsmenschen des Dorfes Kamering, von denen nicht wenige lieber mich als den Hundertjährigen in der Grube verscharrt hätten, nicht sehen, ihnen in der Kirche vor dem mit Blumen bedeckten Sarg nicht die Hand hinstrecken, ihre bleischweren Worte: »Beileid!« von ihren aufgesprungenen Lippen nicht hören und die karwochenvioletten Krokodilstränen in ihren Augenwinkeln nicht sehen zu müssen. Auch die alternden, in braunen Kärntneranzügen steckenden Kameringer Sängerknaben mit ihren jedes Leichenbegängnis noch fürchterlicher, schauerlicher, bedrückender und beängstigender machenden Totenliedern nicht »Trog mi ause übern Onga …« singen zu hören, was nichts anderes heißen soll, als den im Sarg liegenden Toten noch einmal, bevor er begraben wird, mit den Gebeten des Vaterunsers und des Gegrüßtseistdumaria über seine Äcker, Wiesen und Felder hinauszutragen, die er bewirtschaftet hat über acht Jahrzehnte, den Sarg mit seinem aus abgestorbenem Fleisch und Blut bestehenden bäuerlichen Fronleichnam an jeder Wegkreuzung abzusetzen und im Zeichen des Kreuzes wieder aufzuheben, um ihn schließlich an den rostigen Stacheldrahtzäunen, an denen noch die Haarbüschel seiner Kühe und Kälber hängen, entlang über den Weiherbichl hinauf auf den Friedhof oder durch den Wald zu tragen, in dem zwischen den unzähligen Fichtenbäumen jede einzelne Tanne weihnachtlich geschmückt ist mit Engelshaar, Lametta und Sternspritzern. »Onga«, also Feld, nannte der Vater auch sein großes schwarzes Zugpferd, das, altgeworden auf seinem Hof, eines Tages mit hocherhobenen Beinen, offenem Maul und heraushängender Zunge tot in einem Glitsch des Pferdestalls lag. Ich erinnere mich noch, gesehen zu haben, daß unsere taubstumme Magd Pine, auf dem feuchten Stroh des Stallbodens kniend, weinend das tote Pferd, das sie nahezu zwei Jahrzehnte auf den Feldern bei Heuarbeiten begleitet, am Kopf gestreichelt hat mit ihren verkrüppelten Fingern.

Ich war froh, in Roppongi geblieben zu sein, um nicht die Countertenorstimme von Schöndarm Pelé – mein verstorbener Vater war sein leibhaftiger Onkel – hören zu müssen, der sich auf seinen Reisen nicht nur von seiner katholischen, in jedem Wallfahrtsort im Inland und im Ausland bei einem heiligen Sakrament geweihte Hostien sich einverleibenden Ehegattin Emma Schöndarm, sondern in seinem Koffer auch von einem dicken, linierten Schulheft begleiten läßt, in das er mit Uhuhart Fotos von nackten weiblichen Unterkörpern, ohne Oberkörper, ohne Kopf, eingeklebt hat, und der, wenn er beim Aus-

schneiden der Frauenunterkörper aus seinen Pornohef-
ten einen Asthmaanfall bekommt und, sich an den Hals
fassend, die Schere, das zerfledderte Sexheft und den her-
ausgeschnittenen Frauenunterkörper mit den geöffneten
rosaroten Schamlippen fallen läßt, sich am Ohrensessel
festhalten muß mit hervorquellenden Augäpfeln und hustend den aus seinem Mund herausflockenden Asthma-
schaum mit langen Speichelfäden auf die am Boden liegenden behaarten und unbehaarten Frauenunterkörper
fallen läßt. Schöndarm Pelé, mit dem ich einst, als wir
Kinder waren, am Rande des Dorfes Kamering in den
Sumpf des Manigauenwaldes ging, wo wir, von Graswase
zu Graswase turnend, büschelweise Schneeglöckchen ab-
rupften, den steilen Hügel zwischen rostigem Blech und
zerbrochenen Gläsern und Glasscherben hinaufstampf-
ten und, mit den Frühlingsblumen winkend, den dicken
Buschen Schneeglöckchen den vorbeifahrenden Autos
mit deutschem Kennzeichen für ein paar Schillinge anboten.

Ich war froh, in Roppongi geblieben zu sein, um die
Countertenorstimme vom schnauzbärtigen Bauern Frido Lemmerhofer mit der aufgenähten Unterlippe nicht
hören zu müssen, der bei jedem Leichenbegängnis besonders laut, tragisch und eindringlich »Trog mi ause übern
Onga« singt und der einst von seiner strengen katholischen Gattin und Lebensgefährtin Sonja Lemmerhofer,
als er wieder einmal bis zum Tagesanbruch im verrauchten Bauerngasthaus am Ufer der Drau beim Watten und
Schnapsen über die Stränge geschlagen und seinen Kopf
zu tief in die Villacher Bierglocke eingetaucht hatte, aus
der vernebelten Bude geholt wurde, indem sie ihn, an den

Ahnungslosen von hinten herantretend, an den Haaren zurückgerissen, ins Auto bugsiert und auf seinen elterlichen Bauernhof, wo die Knechte jahrzehntelang in der Küche nicht am Familientisch, sondern am Gesindetisch sitzen mußten, gebracht und ins Schweineglitsch geworfen hatte, wo in den restlichen Morgenstunden seiner Ohnmacht die Schweine grunzend und schmatzend seine Hoden abfraßen, ihn halb entmannten. Zum neuerlichen Leidwesen seiner Gattin mußten mehrere Zuchtstiere geopfert werden, um die zahllosen Rechnungen bei einem Liechtensteiner Urologen bezahlen zu können. Um sich an der stolzen, katholischen Bauerntochter Sonja rächen zu können, gab Frido Lemmerhofer den halben Bauernhof auf, verabschiedete sich von all seinen Kühen, Kälbern, Stieren und Ochsen und verlegte sich ausschließlich auf die das halbe Dorf verpestende Schweinezucht und auf den Erdäpfelanbau. Der von seinem vor nahezu zwei Jahrzehnten verstorbenen Vater mit Bauernstolz und Bauernwürde prachtvoll aufgebaute Stall, in dem man einst, als wir noch Kinder waren, Radio hören konnte bei der Stallarbeit, die Weltnachrichten zur vollen Stunde, die Beatles und die Rolling Stones und das In the Ghetto von Elvis Presley, weshalb wir lieber auf seinem elterlichen Hof als auf dem eigenen arbeiteten, das aufgeschnittene, mit schwarzer, aus einem großen Kanister herausrinnender Melasse begossene Heu im Heustadel feststraten, wofür wir ein Honigbrot mit der dicken dunkelbraunen Rinde aus der eigenen Bauernbrotbäckerei bekamen, mit Honig aus der eigenen Bienenzucht, dieser Stall, der einst einer der schönsten im Kärntner Drautal war, wurde von seinem ältesten Sohn und Hoferben Frido Lemmerhofer aufgegeben, nur mehr ein riesiges, gespenstisch leeres Stallgewölbe mit Abertausenden Spinnweben und angetrockneten Kotpatzen von seinen Kühen, Kälbern und Stieren blieb vom Lebenswerk seines Vaters. Inzwischen aber, da er nur mehr seine Schweine zu füttern und mehr Zeit für die Pflege seines eigenen Leibes hat, sitzt er wieder Abend für Abend, an den Smart Export paffend, im Bauerngasthaus an der Drau mit den nagelneu aufgenähten Hoden eines Toten zwischen seinen Oberschenkeln beim Watten und Schnapsen. Abermals und immer wieder, langsam, aber sicher taucht er seinen Kopf in die Villacher Bierglocke ein, bis er zugeschüttet ist und die empörte Sonja peitschenknallend – Rindslederpeitsche mit der Haut seines allerletzten hofeigenen Stiers – vor der Tür des Gasthauses, wenige Meter vom Ufer der Drau entfernt, auf ihren alternden, ungepflegten und verwahrlosten, mehr als sechzig Jahre alten Beelzebub mit der aufgenähten Unterlippe bei ihrem grünen Jeep wartet, der noch voller eingetrockneter Blutschleifspuren des letzten Jagdereignisses ist, als ihm im tiefen Fichtenwald ein Achtender in die Quere kam, bevor sie, mit der er einst in der prachtvoll mit weißen Lilien geschmückten Kameringer Kirche in gutem katholischen Glauben das heilige Sakrament der Ehe geschlossen hatte, mit ihren nägelbeschlagenen Damenstiefeln die Gasthaustür aufstößt, in der verrauchten Bude auf ihren schnauzbärtigen, vom Villacher Bier plitschnassen Biber zutritt, der noch das letzte Pik As seinen Mitspielern und Saufbrüdern auf den Tisch knallt und ihm die Rindslederpeitsche unter die Nase hält mit den Worten: »Schau sie dir an, schau sie dir genau an!«, woraufhin er das Stamperl Schnaps ausleert und ohne ein Wort zu sagen, lieber freiwillig als unfreiwillig, mit seiner Lebensgefährtin das Bauerngasthaus verläßt.

Aber einmal, und daran erinnere ich mich nicht selten in Dankbarkeit, rettete mich, als ich siebzehn Jahre alt war, einen Abend lang der damalige Jungbauer Frido Lemmerhofer aus seelischer Not, als nämlich der österreichische Formeleinsfahrer Jochen Rindt bei einem Training in Monza tödlich verunglückte. Zwei Jahre zuvor schon war der von allen Dorfjugendlichen und Führerscheinanwärtern verehrte Jim Clark bei einem Unfall am Hokkenheimring in Baden-Württemberg gestorben. Er fand den Tod, den viele Jugendliche und Rennfahrerverehrer in Kärnten finden: Bei einem Rennen kam er von der ungesicherten Piste ab und fuhr gegen einen Baum. Der Lotus 72 von Jochen Rindt kam, nachdem er einen anderen Rennfahrer in voller Geschwindigkeit überholt hatte, ins Schleudern, prallte in die Leitplanken und streifte noch mehrmals die Begrenzung, ehe er zum Stillstand kam. Der Lotus war auseinandergebrochen, und Jochen Rindts Beine lagen im Freien. Er starb noch im Rettungswagen an zerrissener Luftröhre, eingedrücktem Brustkorb und an seinen zerquetschten Organen. Nachdem ich diesen Unfall im Fernsehen gesehen hatte, lief ich aufgeregt die Dorfstraße hinunter, stieß auf den damaligen Jungbauern Frido Lemmerhofer und rief: »Der Jochen Rindt ist verunglückt! Jetzt ist es aus! Jetzt ist alles aus!« – »Aber Sepp«, antwortete Frido, zwischen Haus und Stall stehend, »jetzt hör aber auf, gar nichts ist aus! Was soll denn aus sein?«

Ich war froh, in Roppongi geblieben zu sein, denn ich wollte auch meinen Bruder Bruno Miklau nicht sehen, an den ich mich aus meiner Kindheit kaum erinnern kann, obwohl wir mit unseren anderen Geschwistern gemeinsam nahezu zwei Jahrzehnte im elterlichen Bauernhaus verbrachten und fast ebenso lange im selben Schlafzimmer übernachteten. In Erinnerung blieb mir, daß er, der Ältere, ich war vielleicht achtzehn, im engen Flur des Bauernhauses, nachdem ich ihn, Cassius Clay vor Augen, zu einem Boxkampf herausgefordert hatte, mir mitten gegen die Brust, auf mein Herz boxte, so daß ich, schwer atmend und nach Luft ringend, gebückt mit hervorquellenden Augen zur Hintertür hinaus in den Hof ging. Ein Jahr später fuhren wir gemeinsam, nachdem der Vater seinem Bruder, dem Onkel Franz, der in Nürnberg bei der SS war und uns Kindern, solange die Großeltern lebten, immer die Suchard-Schokolade mitgebracht, das englische Auto mit dem nachträglich eingebauten Dachfenster abgekauft hatte, nach Spittal zu den Stadtlichtspielen und schauten uns den Andy-Warhol-Film »Flesh« an, in dem, zu unserem Schrecken, der versoffene und drogensüchtige Hauptdarsteller Joe Dalessandro einer Frau einen Bierflaschenhals in die Scheide steckte. Stumm nebeneinandersitzend, ohne ein einziges Wort zu sprechen, fuhren wir nach dem Kino mit dem englischen Auto des Onkels von Spittal nach Kamering zum elterlichen Bauernhof zurück. Später wollte ich Bruno dazu überreden, mit mir den Film »Stille Tage in Clichy« anzuschauen, aber er fuhr inzwischen mit einer Folkloredirndlkleider tragenden Bauern- und Gastwirtstochter vom einen Kirchtag zum nächsten, polterte im braunen Kärntneranzug mit ihr auf den bäuerlichen Tanzböden und hängte ihr wöchentlich, immer an einem anderen Ort, ein großes braunes Lebkuchenherz um den Hals, auf dem stand: »Ich liebe dich!« und »Ich werde dich nie vergessen!« Schließlich saß ich, nachdem ich mit dem Omnibus das

Dorf verlassen hatte, ohne den leiblichen Bruder im Villacher Stadtkino und schaute mir die Geschichte von Carl und Joey an, dessen Titelsong von Country Joe McDonald mir nie mehr aus den Ohren gegangen ist. »*Oh! Stille Tage in Clichy! Oh! Stille Tage in Clichy! Kommt her Leute und hört mir zu, ich erzähl euch die Geschichte von Carl und Joey. Von den Mädchen, die sie fickten, und den Weibern, die sie aufs Kreuz legten. Oh! Stille Tage in Clichy! Oh! Stille Tage in Clichy! Regt euch nicht auf, habt bitte Geduld, legt einfach die Hand auf das Knie eurer Liebsten. Und wenn es sich während des Films so ergibt, dann schiebt doch die Hand in ihr Höschen hinein. Oh! Stille Tage in Clichy! Oh! Stille Tage in Clichy!*«

Ich war froh, in Roppongi geblieben zu sein, weil ich beim Begräbnis meines Vaters die Gattin des Bruders, die Raudi Miklau, als trauernden, in schwarze Überkleider und in rotpunktierte Rotkäppchenunterwäsche eingehüllten Buntspecht mit dem aufblondierten, lockigen Haar, ihren tiefen schwarzen Ringen unter den Augen und Falschgoldflitter an den Augenlidern nicht sehen mußte, deren Vater, ein Gasthausgeher und Maulheld, sich im Kuhstall erhängt hatte, nachdem sich alle versoffenen Dorfkumpels, die er verhöhnt und denunziert, von ihm verabschiedet und den Helden mit dem zerrissenen Maul alleingelassen hatten, ihm aus dem Weg gegangen waren, mit einem noch feuchten, schleimigen Hanfstrick, mit dem er in der Nacht zuvor zwei Brust an Brust zusammengewachsene Kälber auf die Welt gezogen hatte, die er erschießen und begraben mußte, und deren Bruder in der Gefängniszelle bei seinen pyromanischen Zündeleien, nachdem er im Drautal mehrere Gebäude in Schutt und Asche gelegt hatte und dabei im richtigen Augenblick als uniformierter Bilderbuchfeuerwehrmann mit seinem Löschwerkzeug aufgetaucht war, im Qualm der giftigen Rauchgase erstickt ist. Als mein Vater, nachdem er mehrere Tage lang nichts gegessen hatte, immer wieder erbrechen mußte, im Krankenhaus in Spittal an der Drau lag und auf Herz und Nieren geprüft wurde, nützte Raudi in ihrer katholischen und patriarchalen Autoritätsgläubigkeit die Abwesenheit ihres Schwiegervaters aus, tauchte bei strömendem Regen in meinem elterlichen Bauernhaus auf, riß die Küchentür auf und stieß, während das Regenwasser auf die gepolsterte Sitzbank rann, mit hocherhobenem Zeigefinger, dabei immer wieder drohend und machtbewußt auf meine kranke Schwester Apollonia schauend, aus ihrem lippenstiftroten Zahnlückengewölbe hervor: »Du wirst nichts mehr über meinen Vater und über meinen Bruder schreiben!« Der Selbstmord ihres Vaters und ihres Bruders würde gesühnt, wenn sich auch ihre kranke, verhaßte Schwägerin, die sie bei jeder Gelegenheit mit Worten zu quälen versucht, meine Schwester Apollonia, die gemeinsam mit ihrer Mutter jahrzehntelang den Vater versorgt hatte, endlich das Leben nehmen, in die Drau gehen oder sich mit Tabletten zu Tode vergiften würde. Bei ihrer ersten gemeinsamen, groß angekündigten Weltreise nach Dubai überschüttete sie ihren Gatten Bruno Miklau, den Hoferben, mit Falschgold: »Ich hab's gern, wenn mein Mann etwas Glitzerndes an den Händen trägt!« schwadronierte sie stolz im Dorf, von Haus zu Haus gehend. Auch Raudis zweitbeste Freundin, die Leichenbestatterin Stimniker mit den überlangen roten über die Kuppen hinausgewachsenen Fingernägeln, soll einmal bei Kuchen und Kaffee in der Feistritzer Dorfkonditorei, als der Holzkuckuck lauthals seinen Kopf als anrüchiges Dorfvögelchen aus der Kuckucksuhr reckte und alle Tortenesser ihre Köpfe zum Kuckucksuhrwinkel verdrehten, gedroht haben: »Wenn er noch einmal über uns etwas schreibt, dann zeig ich ihn an!« Bei jedem Leichenbegängnis gibt Raudi Miklau der Leichenbestatterin Stimniker mit den Spiralenfingernägeln und den beiden langen, über die Unterlippe stehenden Oberkiefermittelzähnen, denen sie auch noch eine goldene Krone aufsetzen ließ, der ehrwürdigen und zackigen Ausstatterin des dörflichen Todes, Leichenbestatterin, Einkleidefrau und Modeschöpferin der Toten und der verstorbenen, zu gelbblauen Barbiepüppchen aufgemotzten Kinder in blütenweißen Särgen mit Engelsflügeln an den vier Enden die freundschaftliche Ehre und taucht durch den anonymen Postwurf des Partezettels als geschminkter und parfümierter Trauergast mit tiefschwarzen Ringen unter den Augen bei jedem dörflichen Leichenbegängnis auf, unsere von allen geliebte, verehrte, großzügige, stets hilfsbereite, vermaledeite, ständig nach einer Mischung aus billigem Parfum und Schweinestall riechende Raudi, einmal mit einem Buschen Märzenbecher, einmal mit violetten Trauernarzissen, dann mit einem Strauß violettgelber Stiefmütterchen oder mit besonders ausgesuchten, blutstropfenroten, langstieligen Gladiolen, die sie gerne, das aufgenagelte Kruzifix an den entblößten Achseln mit den eingenähten echten Menschenhaaren des Verstorbenen kitzelnd, auf die ehrwürdige Totenbahre legt. (Während der Niederschrift erfahre ich, daß inzwischen die Leichenbestatterin Stimniker im Alter von sechzig Jahren gestorben ist und daß nun, in der dritten Generation, ihre Tochter das Bestattungsunternehmen unter demselben

Namen weiterführt. Bestattet wurde die Leichenbestatterin Stimniker, die bereits ihren Vater bestattet hatte, von ihrer eigenen Tochter.) »Außerdem schreibt er sowieso lei immer über die Toaten!« sagte die Vorzeigekatholikin Raudi einmal in ihrem brillanten Kärntner Dialekt über mich, also über die Toten schreibt er und über die Leichen und über die Gstorbenen und über die Erhängten und Selbstmörder, über die Massakrierten und über die Hinnigen sowieso und nur nicht über die Lebenden, nur über Zügenläuten und Leichenzüge schreibt er.

Eines Abends, mehr als ein Jahr vor dem Tod meines Vaters, erschien Raudi Miklau, geschmückt mit einem goldenen Dubainasenring, mit ihrem Ehegatten Bruno, der ebenfalls zwei goldene Dubairinge an seinen beiden Daumen und an den beiden kleinen Fingern zwei Glitzerringe stecken hatte und dem, abgeschnitten von einer Molkereimaschine, zwei Mittelfinger seiner rechten Hand fehlen, in meinem Elternhaus und gab, da sie Angst hatte, daß sie und ihr Gatte, Erben meines elterlichen Bauernhofes, wenn es soweit ist, einmal das Begräbnis des Vaters würden zahlen müssen, dem hinter dem Tisch unter dem Herrgottswinkel sitzenden achtundneunzigjährigen Vater zu verstehen, daß ihre vor ein paar Jahren verstorbene Mutter, Witwe des an einem Kalbstrick, an dem der Geburtsschleim der Kälberzwillinge noch nicht eingetrocknet war, erhängten Mannes, das Geld für ihr Begräbnis hergerichtet, auf die Seite gelegt, daß ihre großzügige, in göttlicher Seligkeit verblichene Mutter also, um ihre Worte zu gebrauchen, *Ordnung gemacht* habe. Als mir bei einem meiner Besuche im Elternhaus der unter dem Herrgottswinkel sitzende Vater die Geschichte von der Ordnung erzählte, rief er empört mit weit aufgerissenen Augen und erhobener Zeigefingerkralle: »Am liebsten hätte ich die Raudi durchs zugemachte Fenster in den Garten hinausgeschmissen! Durch die Scheiben!« Jawohl, zur Petersilie und zum Maggikraut! ergänzte ich.

Wenige Tage nach der Übergabe des Hofes, nachdem der Hoferbe Bruno Miklau, der an seinem Hals einen großen Kropf trägt, der vollgefüllt ist mit geweihten Hostien, den Leibern Christi, die er nicht verderben lassen will in Magen und Darm, sowie Vater und Mutter die Unterschriften unter dem Übergabevertrag beim Notar geleistet hatten, ließ er von einem Verwandten seiner Ehegattin Raudi, einem Elektriker, Heustadel und Stall neu elektrifizieren. Der Schwarzarbeiter hatte es tatsächlich zustande gebracht, so berichtete mir wiederum der Vater, unter dem Herrgottswinkel sitzend, den gesamten Stall unter Strom zu setzen, so daß die angeketteten Kälber, Kühe und Stiere, brüllend nach links und rechts springend, mit den Ketten rasselten und der Vater, der diese Geräusche wahrnahm, zur Hintertür hinaus in den Hof lief, sofort erkannte, daß der Stall unter Strom stand und den an der Stallaußenmauer angebrachten Hauptschalter abdrehte. Wäre ich zu Hause gewesen und hätte von meinem dem Stall zugewandten Schreibzimmer aus die brüllenden Kühe und Kälber und das Kettengerassel gehört, wäre ich, um Nachschau zu halten, nichtsahnend in den unter Strom stehenden Stall hinausgegangen, in eine Wasserlache getreten und wäre sofort tot gewesen, denn ich bin immer der erste Tote. In ihrer zweiten glorreichen Aktion, wenige Tage nach der notariell beglaubigten Übergabe des Hofes, stieß das katholische Pärchen, unmittelbar nach einem Gottesdienst mit noch unverdautem Leib Christi in ihrem Magen, mit einem

Besenstiel ein Schwalbennest unter der Dachrinne vom Hausbalkon. Zwei, drei Tage lang flatterte eine Schwalbenmutter immer wieder, schreiend und jammernd, vor dem Balkon, an den Fenstern meines Schreibzimmers vorbei.

Außerdem warnte mich der Vater – wiederum in der Küche unter dem Herrgottswinkel sitzend –, daß ich aufpassen, mich nicht erwischen, nicht alleine in den Wald oder in die Auen gehen solle – Scheiß doch aufs Schneeglöckchenklauben! rief er mit weit aufgerissenen Augen –, denn das aus Kamering gebürtige Trio, der nackte Frauenunterkörper ohne Oberkörper, Kopf und Gliedmaßen anstarrende und dabei sein geschwollenes Glied festhaltende, seine kribbelnden Zehen bewegende, in schnellen Zügen die Vorhaut über die Eichel reibende Schöndarm Pelé, der in seiner Jugend, wenn er von weitem ein Mädchen sah, gerne lustvoll und spöttisch rief: »Holt, do is a Spolt!«, der trinkfeste, schnauzbärtige Frido Lemmerhofer mit den aufgenähten Hoden eines Toten zwischen seinen Oberschenkeln – Gottseidank kenn ich meinen Verstorbenen nicht! sagte er einmal beim Watten, nachdem er schon fünf Blonde in sich hineingeschüttet hatte, im Dorfgasthaus Mautner an der Drau – und der erzkatholische faltige Bruno Miklau mit dem Kropf voller Hostien unter seinem Kinn, der einmal, als ich ein Vexierbild mit dem blutüberströmten und dornengekrönten Jesuskopf, der die Augen öffnen und schließen konnte, aus Rom mitgebracht hatte, empört und gekränkt in der Küche meines Elternhauses rief: »Dos is jo Frevl!«, möchten mir gerne, aufgestachelt von ihren an jeder Wegkreuzung katholische Schlachtlieder singenden Lebensgefährtinnen, einen Denkzettel verpassen, um die Worte meines Vaters zu gebrauchen, das unappetitliche Trio, zwei Bauern und ein Polizist, möchte ein Löschblatt zwischen meine Lungenflügel schieben, mich zusammenschlagen, einmal so richtig *wampsen*, durchwampsen, um die Sprache des verschwörerischen Trios zu gebrauchen: »Es kommt nur drauf an, wie die Medien drauf reagieren werden!« Tatsächlich hatten sie nicht das Wort Zeitungen, sondern das Wort Medien verwendet, so der Vater als Nacherzähler dieser gegen Leib und Leben gerichteten Drohungen, wie immer als Berichterstatter unter dem Herrgottswinkel in der Küche seines Bauernhauses sitzend, ein Jahr vor seinem Tod.

Ich war froh, in Roppongi geblieben zu sein, so daß ich beim Begräbnis des Vaters das Zügenläuten, das Geläute der kleinsten, den Tod ankündigenden und seit meiner Kindheit mein kleines kreuz und quer pochendes Kinderherz in Angst versetzenden Glocke meines Heimatdorfes, nicht hören mußte. Um sieben Uhr abends, beim Betläuten habt ihr daheimzusein! so der Vater, immer wieder, mit hocherhobenem Zeigefinger. Besonders, wenn alle drei in der Sakristei bis auf den Holzboden hinunter pendelnden Glockenstricke gleichzeitig gezogen wurden und alle Glocken gleichzeitig läuteten, hob sich das kreuzförmig gebaute Dorf Kamering aus den Angeln, die Wurzeln der langen Gladiolen zappelten über dem Erdreich, und die Toten auf dem erhobenen, über der Erde schwebenden Friedhof strampelten mit ihren Beinen, der Buntspecht ließ den Totenkäfer mit den flirrenden schwarzen Beinchen aus seinem Schnabel fallen, und die Tschufitl, der Totenvogel in Gestalt eines Eichelhähers, verlor das den Fichtenbaum widerspiegelnde Fenster eines zukünftigen Totenhauses aus den Augen beim Läuten der Glocken. I hob die Tschufitl ghört! I hob den Totenvogel ghört! Wer wohl sterben muß! Man sah beim Läuten der drei Glocken das leichte bedrohliche Schwanken des Kirchturms, auf dessen Spitze einst ein Blechhahn angebracht war, der bei einem Sommergewitter von einem schweren, das ganze Dorf erschütternden, in den Kirchturm hineinfahrenden Blitz abgeschlagen wurde. Im Inneren der Kirche hatte der Blitzschlag an ein paar großen Heiligenfiguren schwarze Rußstreifen hinterlassen, aber weder der heilige Sebastian noch der wertvolle heilige Nikolaus wurden auseinandergespalten, den einst Kirchendiebe, die über das vergitterte Sakristeifenster in die Kirche gestiegen waren, von den Ketten losreißen wollten, wobei sie aber von einer in der Nacht den Friedhof betretenden Trauerfamilie gestört wurden, so daß sie ohne den heiligen Nikolaus verschwanden. Nach diesem versuchten Diebstahl brachte der Pfarrer Franz Reinthaler den heiligen Nikolaus ins Diözesanmuseum nach Klagenfurt. Die Dorfbauern wurden vom schweren Donnerschlag aus dem Schlaf gerissen, als der Blitz in die Kirche Maria in Dornach einschlug, erhoben sich aus der Mulde ihrer Kopfpolster und saßen mit weit aufgerissenen Augen, in die Dunkelheit starrend, aufrecht im Bett, warfen die Wolldecke zurück und versammelten sich schließlich, nachdem sie im Dorf zusammengelaufen waren und sich verständigt hatten, bei strömendem Regen mit gefüllten Wassereimern zwischen den Gräbern, da sie Angst hatten, daß der hölzerne Kirchturm Feuer gefangen haben könnte, die Heiligenfiguren eingeäschert werden, der ganze Altar brennen könnte mitsamt dem Tabernakel und der

Priester mit der schwarz verrußten Monstranz, in deren
aus purem Gold bestehender Lunula die große, geweihte
Hostie eingeklemmt ist, zwischen den Gräbern irrend aus
dem Friedhof fliehen müßte, um den Leib Christi zu retten, er, der kunstsinnige Pfarrer Franz Reinthaler, Retter
des heiligen Nikolaus von Kamering, Heiligenbildchen-
und Freskenmaler, der in seiner Pfarrfiliale Stockenboi,
wohin ich ihn als Erzministrant, mit dem roten, zusam-
mengelegten Ministrantenmantel auf meinem Schoß in
seinem weißen Volkswagen sitzend, oft begleitete, einen
künstlerisch wertlosen Altar herausbrechen, durch einen neuen prachtvollen und blattgoldverzierten Altar
ersetzen ließ, die herausgebrochenen Altarteile in der
Pfarrhofholzhütte eigenhändig aufs Bloch legte, mit dem
Hackbeil zerstückelte, die hölzernen Gliedmaßen, Oberkörper und Unterkörper und den Kopf vom Jesukind mit
all den zerstückelten Heiligenfiguren, der Jungfrau Maria, dem Sankt Florian, dem heiligen Sebastian und den
vergoldeten Engeln im kalten, steinernen Stockenboier
Pfarrhof in den Kachelofen schürte zum Entsetzen der
Mesnerin, die sich noch Jahrzehnte nach dem Tod des
Pfarrers, als ich wieder einmal, die Ministrantenstätte
meiner Kindheit aufsuchend, nach Stockenboi auf den
Hügel fuhr, um die Kirche zu besichtigen, bei mir beklagte: »Das habe ich nicht verstanden, warum er den Altar
aufgeheizt hat. Seither habe ich kaum noch ein Wort mit
ihm reden können. Wo ich konnte, bin ich dem Reinthaler aus dem Weg gegangen.« Wenige Monate nach dem
Begräbnis meines Großvaters, als ich den Pfarrer Franz
Reinthaler zur Kirche begleitete, wir den Friedhof betraten und er den großen Familiengrabstein mit der vergoldeten Inschrift ›Josef Winkler‹ sah, blieb er entsetzt vor

dem Grabmal stehen und rief: »Kitsch! Kitsch! Kitsch!«
Ich schämte mich zu Tode. Am liebsten hätte ich mich im
Grab meines Großvaters verkrochen.

Ich war als Kind immer froh, wenn der Pfarrer Franz
Reinthaler am Palmsonntag verkündete, daß die Kirchen-
glocken am Gründonnerstag für ein paar Tage nach Rom
fliegen und erst am Auferstehungstag unseres leibhaftigen
Herrn, als Freudenglocken, wiederkommen würden, alle gemeinsam, die kleinste, bimmelnde Totenglocke und
die beiden anderen größeren Glocken auch, denn wenn
die Totenglocke außer Dorf war, konnte niemand sterben, mein Vater und meine Mutter, der Großvater und
die Großmutter nicht. Die Glocken werden am Gründonnerstag Flügel bekommen! sagte der Pfarrer Jahr für
Jahr in der Vorosterzeit im Religionsunterricht. Ich setzte
mich am Gründonnerstag, unweit vom Pfarrhof, auf einen
Hügel am Waldrand auf eine morsche, mit grünem Moos
bewachsene Bank zwischen weißen Birken und schaute
ins Dorf hinunter, ließ den Kirchturm lange nicht aus den
Augen und wartete, bis sich die drei Glocken mit Engelsflügeln erheben, aus den Fenstern des Kirchturms fliegen,
sich vor der rotweißroten Staatsgrenze mit allen katholischen Glocken des Landes versammeln und in Zug-
vögelschwärmen nach Rom, zu Papst Johannes XXIII.,
ziehen würden. Es läuteten alle Dorfglocken, als ich über
die sechzehnstufige Stiege hinaufrannte, die Schlafzimmertür aufriß und rief: »Oma, da Popst is gstorbn!« –
»Mein Gott na! Mein Gott na!« jammerte die dicke,
schwer schnaufende, im Bett liegende Großmutter, als
ich ihr berichtete, aus dem Radio erfahren zu haben, daß
Papst Johannes XXIII. gestorben sei.

Und es läuteten die Totenglocken, als ich, damals elfjährig, kurz nach dem Tod des Papstes Johannes XXIII. in meinem Elternhaus wieder über die sechzehnstufige Stiege ging – es roch nach frisch gehackten Fichtenzweigen, nach Äther, Kot und Verwesung –, die großelterliche Schlafzimmertür öffnete, um die Ecke blickte und dieselbe, vor ein paar Stunden verstorbene, dicke Großmutter väterlicherseits vollkommen nackt mit auseinandergespreizten Beinen im Bett liegen sah. Die weinende Tresl, die kinderlos gebliebene Tochter der Verstorbenen, die gute Haut, die damals, als ich drei Jahre alt war, mich in einem Aufbahrungszimmer über eine mit Buchsbaumzweigen geschmückte Bahre hob, das schwarze Bahrtuch wegzog und mir das Totenantlitz meiner Großmutter mütterlicherseits zeigte mit den Worten: »Schau, Seppl, schau!«, tauchte nun, ein knappes Jahrzehnt später, ein Handtuch in die emaillierte Waschschüssel mit dem dünnen blauen Rand und säuberte den nackt im Bett liegenden Leichnam ihrer Mutter. Noch bevor mich die den Leichnam waschende Tante wahrnehmen konnte, schloß ich die Tür und lief verstört über die sechzehnstufige Stiege hinunter in die Küche zu meiner Mutter und fragte sie, die unter dem lauten Zügenläuten mit tränenden Augen Zwiebeln für das Szegedinergulasch zerkleinerte, ob ich ihr helfen könne. »Holztragen!« sagte sie, »bring einen Korb Holz herein, Seppl! Und dann geh zum Deutsch, kauf zwanzig Semmeln.«

TAUSEND UND EINE NACHT

»In der Nacht darauf begann O Rin ihre Wallfahrt zum Narayama und trieb mit unnachgiebiger Härte den entschlußlosen Tappei zum Aufbruch. Am Abend wusch sie den ›Herrn weißer hagi‹, der am nächsten Tage gegessen werden sollte, und erzählte Tama-yan, wie man Pilze sucht und Forellen fängt. Nachdem sie sich davon überzeugt hatte, daß alle im Dorf schliefen, ging sie leise durch einen Vorhang auf die hintere Veranda hinaus. Dort stieg sie auf das Brett, das Tappei sich auf den Rücken geschnallt hatte. Die Nacht war windstill, aber eisig kalt; da der Himmel bewölkt war, schien auch der Mond nicht, und Tappei betrat mit unsicheren Schritten den dunklen Pfad.«

WENIGE STUNDEN VOR der dörflichen Begräbniszere-
monie in Kärnten irrte ich, auf der Suche nach einer
Kerze, durch Roppongi, wo ich in unzähligen Läden
verschiedenfarbige, hauchdünne japanische Räucherstäbchen, aber keine Wachskerzen fand, bis ich in einer
Straße, an Huren und Zuhältern vorbeikommend, in einem pompösen amerikanischen Christbaumgeschäft eine kleine weiße Kerze mit einem schwarzen Spruchband
entdeckte, The best candle in America!, die ich, wiederum eine Stunde später, zur Stunde der tatsächlichen
Beerdigung meines Vaters, im Hotelzimmer in Tokio
anzündete. Dem über eine halbe Stunde lang aufmerksam zuhörenden neunjährigen Kasimir und der ebenfalls
stillhaltenden zweijährigen Siri erzählte ich Schönheiten
und Grausamkeiten aus meiner Kindheit. Auf die kleine, ruhige Flamme der amerikanischen Candle blickend
und mir den strengen, herzzerreißenden Ritus der Be-
gräbniszeremonie in Kärnten vorstellend, flüsterte ich
dem hautnahen Leichenbestatter zu: Herr Bischof! Euer
Gnaden! Bevor Sie den Sarg schließen, legen Sie doch
dem Vater in meinem Namen ein paar Gladiolen auf
die Brust, langstielig und gelb, weiß und rot sollen sie
sein, und an den Spitzen sollen die kleinen Blüten noch
geschlossen bleiben für einige Stunden, damit sie dann,
wenn er schon unter der Erde liegt und zugeschüttet
ist vom Erdreich des Friedhofs, in der dicken Luft und
Wärme im Sarginneren aufblühen, ihre Blütenkelche öffnen und ihn groß anschauen, den Verblichenen, der sich
so lange Zeit gelassen, ehe er herausgekommen ist aus
seinem Heustadel und sein allerletztes Brett genommen

hat unter dem Obdach des großen eingerahmten und mit Blattgold verzierten Bildnisses seines schnauzbärtigen strengen Vaters und Patriarchen über seinem Sterbebett in der Bauernstube seines Kameringer Eltern- und Geburtshauses Anfang November des Jahres Zweitausendundvier.

Und wenige Tage nach dem Begräbnis, als in Kärnten Schnee fiel und die Blumenbuketts und Blumenkränze von einem Schneesturm zugedeckt wurden, die Blätter der Rosen und Nelken zusammenklebten, die Blumenkelche vom Gewicht der Flocken nach unten gedrückt wurden und man im Firn des frischen Neuschnees die Fußabdrücke der Witwe und ihrer Tochter vor dem Grabhügel sehen konnte, die gemeinsam jeden Tag über den lotrechten Balken des kreuzförmig gebauten Dorfes in den Friedhof hinuntergingen, eine Kerze anzündeten und beteten für den frisch Verstorbenen, während wir, Tausende Kilometer von Kärnten entfernt, auf einem anderen Kontinent, um fünf Uhr morgens Roppongi verlassen hatten, mit der Ubahn in ein anderes Stadtviertel gefahren waren und in einer riesigen Fischhalle Hunderte große Thunfische sahen, die mit elektrischen Sägen zerschnitten und filetiert wurden, und abends, als es schon finster war, in Tokio in einer Bar des *Park Hyatt Tokyo*, in der Nishi-Shinjuku saßen, in der auch Szenen des Films »Lost in Translation« von Sofia Coppola mit Scarlett Johansson und Bill Murray gedreht worden waren, den wir ein paar Monate vor unserer Abreise nach Japan im Klagenfurter Wulfeniakino angeschaut hatten, auch die zweijährige Siri und der neunjährige Kasimir waren dabei. An meinem italienischen Pellegrino-Mineralwasser trinkend, das mir die

Lady Ishikawa mit Knicks und hübschem Lächeln serviert hatte, abwechselnd auf den Bildschirm eines über der Bar hängenden Fernsehapparates, in dem ständig der Film »Lost in Translation« lief, auf die unzähligen großen roten Lichter und auf die blauen Glühwürmchenstraßen des nächtlichen Tokio schauend, fiel mir ein, daß damals, als ich nach dem Erscheinen meines ersten Buches nach längerer schamvoller Abwesenheit wieder in meinem Elternhaus aufgetaucht war, der Vater zahnlos – seine Zahnprothese war in Reparatur –, schmallippig, mit eingefallenem Mund, eine kotbehangene Gabel haltend, auf dem Misthaufen stand, die Misthügel zerstreute, die abgeschlagenen Hühnerköpfe mit den geschlossenen Augenlidern und leicht geöffneten Schnäbeln und die gelben, zusammengekrallten Hühnerbeine im Mist begrub und sagte, nachdem ihn ein Film über seinen Sohn im Fernsehen überrascht und er in diesem Bericht das erste Mal von meinen gegen ihn gerichteten Haß- und Verzweiflungsgefühlen erfahren hatte: »Du kannst über mich schreiben, was du willst, wenn es nur dir hilft, aber laß die beiden erhängten Buben im Dorf in Ruh! Laß die Toten in Frieden! Schreib nichts mehr über die beiden Selbstmörder!« Laß die beiden erhängten Buben in Ruh! murmelte ich vor mich hin, die grüne, durchsichtige Pellegrino-Mineralwasserflasche in Augenhöhe haltend und durch das Glas auf den Bildschirm schauend. »Wann reist du ab?« sagte Scarlett zu Bill. »Morgen!« antwortete er. »Du wirst mir fehlen! Mußt du gleich los?« sagte sie. »Ja, meine Bodyguards warten schon ... also dann ... möchtest du mir nicht eine gute Reise wünschen?« – »Ja, das wollte ich ... o. k. ... dann mach's gut!« – »Ja, du auch!« – »Mach's gut!«

Ja, Vater, mach's gut, ich wünsche dir eine gute Reise, sagte ich leise vor mich hin, die kleine, vornehm klumpige grüne Pellegrino-Mineralwasserflasche mit dem dünnen Hals an der Theke im Kreis drehend, auf den Bildschirm, zu Scarlett und Bill, und immer wieder aufs nächtliche Tokio, auf Abertausende unruhige Lichter der im Ameisentempo fahrenden Autos hinunterschauend. Mach's gut, Vater! Red oder scheiß Buchstaben! hast du einmal, als ich ein Kind war, zu mir gesagt, als du mir ungeduldig eine Frage gestellt hast. Und ebenfalls am Mittagstisch, als meine Mutter längst an ihrer sich immer mehr verdunkelnden Seele erkrankt war und Angst hatte, daß sie bald sterben werde, sagtest du vorwurfsvoll zu ihr: Du siehst schon gleich aus wie der da drüben! Dabei zeigtest du mit deinem Finger auf mich, das schwächlichste deiner Kinder. Was soll aus den Kindern werden, sagtest du zu ihr, schau sie dir an, was soll draus werden, wenn du nicht mehr bist! Von diesem Augenblick an wußte ich, daß ich vor meiner seelenkranken Mutter zu gehen haben werde, denn sie sieht schon gleich aus wie ich da drüben. Ein anderes Mal, ich weiß nicht mehr, bei welcher Gelegenheit, sagtest du: Du bist Luft für mich! Ich weiß nur mehr, daß ich mich umgedreht habe und weggegangen bin von dir, auf Zehenspitzen, ganz leise, damit du mich nicht mehr hören konntest, ich habe mich davongeschlichen – Schleich dich! habe ich auch öfter gehört –, denn ich wußte, daß ich der einzige luftleere Raum in diesem Dorf bin, ein Stück Vakuum, das in der Gestalt eines Kindes die Stalluft verwirrte.

Scarlett: »Als ich dich das erste Mal gesehen habe, hattest du an der Bar einen Smoking an, ziemlich elegant hast du ausgesehen, vor allem mit der Wimperntusche.«

Bill: »Aber zum ersten Mal haben wir uns im Aufzug gesehen!«

Scarlett: »Wirklich?«

Bill: »Weißt du nicht mehr?«

Scarlett: »Irgendwie sahst du aus wie alle anderen. Hatte ich einen bösen Blick drauf?«

Bill: »Nein, du hast mich angelächelt!«

Scarlett: »Ehrlich!«

Bill: »Ja, es muß ein Versehen gewesen sein. So hast du nie wieder gelächelt. Nur dieses eine Mal ... genauso ... nur breiter ... ja, vielleicht ... naja ... nicht ganz so breit!«

Wenn du nicht in einem Leichentuch lebst, kannst du nicht schreiben, du brauchst das Unglück, um dich überhaupt ausdrücken zu können! Du bist der Lebende, über den Tod schreibende Leichnam! habe ich einmal geschrieben. Vater, dir leb ich, Vater, dir sterb ich! habe ich einmal geschrieben. Und wenn du dann auf dem Rücken im Sarg liegst, im Smoking deines braunen Kärntneranzuges und mit der farblosen Wimperntusche deiner allerletzten, fast hundertjährigen Tränen, und von den vier schwarzgekleideten Bodyguards in die Kirche hineingetragen wirst zu deinem letzten Erdenweg, werde ich in deinem Sterbezimmer einen schwarzen, durch deinen Leichengeruch zu Tode erschrockenen Käfer suchen und ihn auf den Rükken drehen, seine flimmernden und ums Leben bettelnden Beinchen zum Gebet falten und dem Käfer ins Gesicht sagen: Du siehst schon gleich aus wie der da drüben ... der auf dem Friedhof ... der unter dem Neuschnee! Du hattest keinen bösen Blick mehr drauf, erzählte man mir, als ich aus Roppongi anrief, ganz sanft bist du eingeschlafen, wenn auch nicht in den Armen deiner Lieben, wenn auch ein wenig allein und ein wenig verlassen, getrennt von den Lebenden, aber nicht einsam oder gar vereinsamt, ja, man sagte mir, daß du eingefallen und klein, kindlich und lieb – das Wort *lieb* war tatsächlich gefallen – im Sarg ausgesehen haben sollst in deiner Kärntnertracht, mit dem roten, den heruntergefallenen knöchernen Unterkiefer hochstützenden Krawattenknopf am Hals, nachdem der Tod dein Skelett zerrissen hat, die Lederschuhe deines Bruders an den Füßen, mit den zum Gebet gefalteten, mit einem schwarzen Rosenkranz umwickelten abgearbeiteten, krallenartigen Händen und mit dem Stummel des kleinen Fingers deiner rechten Hand. Es muß ein Versehen gewesen sein, daß du ausgerechnet dann gestorben bist, als ich in Tokio war. Red oder scheiß Buchstaben! hat Euer Gnaden, der Leichenbestatter, unser Herr Bischof, noch gesagt, an einer Zigarre paffend, und dann hat er die beiden Sargteile zusammengeschraubt, Zigarrenasche ist dabei auf deinen Sargdeckel gefallen. Die Luft roch schon vor dem Begräbnis nach Schnee, und als dann alles vorbei war, schneite es auch wirklich, der Himmel hat sich noch einmal kurzgeschlossen mit dir. Erinnere dich, ich war schon über dreißig Jahre alt, bin zurückgekehrt, habe jahrelang bei dir gewohnt, um eine Rückkehr des verlorenen Sohnes schreiben und dich danach wieder verlassen zu können, da haben wir gemeinsam auf dem Dachboden *Tausend und eine Nacht* gesucht, in jedem von flüchtenden Spinnen und staubigen Spinnweben ausgepolsterten Winkel, wir haben Ziegel aufgehoben, Fensterflügel mit zerbrochenen Scheiben zur Seite geräumt, graue, fußballgroße Hornissennester aufgestöbert und Tausend und eine Nacht gesucht, das einzige Buch, daß du in deiner Jugend gelesen hast und wieder haben wolltest, aber wir haben es nicht mehr gefunden, das eine und

andere habe ich dir von den Flohmärkten, von der Ca-
ritas, von den Antiquariaten gebracht, aber nie mit dem
richtigen Buchumschlag. Es war ein anderes Bild drauf!
sagtest du abweisend, auch ein wenig verzweifelt und
traurig, fast hundert Jahre lang hast du dieses Bild, das
ich immer noch nicht gefunden habe, nicht aus den Augen verloren. Ich verspreche dir, wenn wir erst, aus Tokio zurückkehrend, durch den violetten Dunst über den
beschneiten Fujiyama, über die Gebirge und Wälder von
Sibirien, schließlich angekommen in Kärnten, andächtig
vor deinem längst schon zugeschütteten und beschneiten
Grab gestanden, die Goldbuchstaben des Wortlautes der
letzten Grüße und die Goldbuchstaben der Namen der
Hinterbliebenen auf den schwarzen, knisternden, steifen
Kranzschleifen entziffert haben, dann werde ich, das verspreche ich dir hoch und heilig, weiterhin im Inland und
im Ausland Tausend und eine Nacht suchen, alle werde
ich sie nach Tausend und einer Nacht fragen, die Scarlett
und den Bill auch. Mach's gut, Vater … o.k. … ich wünsche dir eine gute Reise … o.k.!

DIE ANKUNFT IN VARANASI

»So hoch er auch stieg, weit und breit standen nur Eichen. Schließlich kam er an eine Stelle, die wie der Gipfel aussah. Am Fuße eines großen Felsblocks, an dem er vorbeikam, bemerkte er jemand. Tappei fuhr zusammen und wich unwillkürlich zurück. Der Mann, der zusammengekrümmt am Felsen lehnte, war ein Toter. Er hatte beide Fäuste geballt und schien sie fest gegeneinander zu drücken. Tappei blieb wie angewurzelt stehen; er konnte keinen Schritt vorwärts tun. O Rin streckte von hinten die Hand nach vor und zeigte vorwärts. Das sollte heißen: ›Geh weiter!‹«

VARANASI IST EINE DER ÄLTESTEN lebenden Städte der Welt, so alt wie Jerusalem, Athen und Peking. Sowohl im muslimischen wie im britischen Indien hieß die Stadt »Benares«, aber im unabhängigen Indien wurde der Name Varanasi wieder als der offizielle Name der Stadt eingeführt. Nach langer Pilgerschaft in Varanasi anzukommen, sich dort den vorgeschriebenen Umwandlungen, Waschungen und Riten zu unterziehen und schließlich selig zu sterben ist das Lebensziel eines gläubigen Hindu. »Menschen aus allen Kasten«, heißt es im Sivapurana, »aus allen Lebensstadien, ob Kinder, Jugendliche oder Alte, wenn sie in dieser Stadt sterben, werden sie ohne Zweifel befreit. Auch Frauen, ob rein oder unrein, ob Jungfrau oder verheiratet, ob Witwe oder Schwangere, ob menstruierend oder im Kindbett, wenn sie an diesem heiligen Ort sterben, erlangen sie Befreiung.« Tod in Varanasi ist »Moksha«, Befreiung und Erlösung, Freiheit von der Bindung an den Kreislauf von Geburt und Tod.

Die Fahrt von der Main Station von Varanasi in der Finsternis mit einer Motorrikscha dauerte über eine halbe Stunde. Wir fuhren an Hunderten ratternder und nach Diesel stinkender Generatoren vorbei, in einer halbfinsteren Stadt, in der der Strom ausgefallen war, durch das Gewühl von Mensch und Tier, verstockt in der Mitte der Straße stehenbleibenden Kühen, vorbei an den durch die Straßen gehenden Händlern mit ihren breiten Obst- und Gemüsekarren, an ramponierten Autos, Lastwagen, die dicke, schwarze Rauchschwaden aus ihrem Auspuff und uns ins Gesicht bliesen – selbst auf den Trittbrettern der vollbesetzten Omnibusse standen Menschen, manchmal auch Kinder –, vorbei an knatternden, tropfenweise Benzin verlierenden Motorrikschas, an den großrädrigen Fahrradrikschas, auf denen oft drei und fünf Menschen saßen, getreten von ausgemergelten Rikschafahrern, quer durch die Stadt fuhren wir, manchmal über Stock und Stein, zum Assi Ghat, ans Ufer des Ganges, zum Hotel Ganges View. Wir waren erschöpft und übermüdet, ich hatte Angst, und eine melancholische Stimmung breitete sich in mir aus. Bloßfüßige Dienerbuben liefen über die Treppe, nahmen uns das Gepäck ab und schleppten die schweren Koffer ins vorbereitete Zimmer. Wir wurden vom Hotelier Shashank Singh begrüßt und waren gerade zum allgemeinen Abendessen zurechtgekommen. Die Dienerbuben brachten uns auf einem blechernen Dahli die einzelnen, mir bis auf den Reis völlig unbekannten Speisen, die ich nicht essen wollte, und ich bekam sofort Angst vor Hunger. Es war mir nicht zu scherzen zumute, und auch der Satz meines Vaters »Ich habe im Krieg so einen Hunger gehabt, daß ich am liebsten dem Teufel die Ohren abgefressen hätte« ist mir in diesem Moment nicht in den Sinn gekommen, aber ich wollte eigentlich sofort wieder abreisen und sagte zu Kristina, daß ich morgen ins Reisebüro gehen und mit der nächstbesten Lufthansa, tot oder lebendig, zurückfliegen möchte. Beide begannen wir bei diesem Abendessen zu weinen. Ich, weil ich Angst hatte, hier nicht leben und schreiben zu können, ja sogar verhungern zu müssen, und sie, weil sie Angst hatte, daß ich ihren indischen Kindheitsbereich tatsächlich sofort wieder verlassen würde. Der kunstsinnige Hotelier, Shashank Singh, der seit dem Tod seines Vaters aus religiösen Gründen weder Fleisch, Fisch noch Eier ißt, auch nicht mit

Knoblauch und Zwiebel kocht, diesen unreinen Zutaten, wie er es nannte, und sie auch seinen Gästen nicht anbietet, hatte sich gefreut, als Gast einen Schriftsteller aus Österreich in seinem zu einem kleinen Hotel mit fünf, sechs Gästezimmern umgebauten Einfamilienhaus aufnehmen zu können, sah jetzt ein verzweifeltes Elendshäufchen an einem seiner gedeckten Tische sitzen und mißmutig mit der Gabel im vegetarischen Essen herumstochern. Wir lagen dann auf bretterharten Betten, an die ich mich ebenfalls erst gewöhnen mußte, ich stopfte mir das rosarote wachsartige Ohropax in die Ohren, denn der Lärm, der unmittelbar unter dem Hotel herrschte und den wir auch vom steinwurfweit entfernten Ufer des Ganges hörten, dauerte in der Zeit der Feste bis weit über Mitternacht an, und schon um vier, fünf Uhr morgens wieder gingen die ersten Pilger zum Ganges hinunter, manche betend und singend, in orangefarbene Gewänder gekleidete Sadhus mit ihren an die nackten Fußsohlen klatschenden Holzzockeln, mit ihrem ebenfalls in orangefarbene Tücher gewickelten Stock, an dem ein kleiner Beutel befestigt ist, in dem sich die heilige Schnur des Asketen verbirgt, und als Wassergefäß eine abgegriffene Kokosnußschale bei sich tragend. Andere Asketen mit ihrem zu einer verfilzten Krone hochgedrehten Haar, das mit Asche, Kuhurin oder auch Gangesschlamm beschmiert, wiederum andere, deren nackter Körper mit der Asche eines Toten vom Einäscherungsplatz eingerieben war, pilgerten wenige Meter vor unserem Fenster vorbei ans Gangesufer hinunter. Am nächsten Morgen, nach dem Frühstück mit Darjeelingtee, weißem Toastbrot, Butter, Mangomarmelade und mit der Frucht der sichelmondförmig aufgeschnittenen Papaya, beruhigte ich mich, denn auch die grauen, mich an Echsen und Urtiere erinnernden Geckos im Schlafzimmer, die sich mit ihren Saugfüßen an den Wänden festgehalten hatten, um auf Mücken zu warten, hatten mich von den schrecklichsten Ängsten erlöst und wohl auch getröstet, und ich machte die Drohung, am nächsten Tag ein Reisebüro aufzusuchen, nicht wahr, sondern wir setzten uns bald nach dem Frühstück auf die steinernen Treppen des Assi Ghats, schauten den indischen Pilgern bei ihren Ritualen am heiligen Ganges zu, Kristina fotografierte mit ihrer alten, schweren, mechanischen Leica, und ich nahm meine Pelikanfüllfeder und mein Notizbuch aus der ledernen Umhängetasche.

Varanasi, schreibt die amerikanische Indologin Diana L. Eck, ist ein lebendiger Text des Hinduismus. Fromme Frauen und Männer gehen bei Sonnenaufgang die Ghats, die langen Steintreppen, hinunter, um in der Ganga zu baden, das heilige Wasser der Ganga zu trinken und es in polierten, glänzenden Messinggefäßen nach Hause zu tragen. Ich spreche jetzt nicht mehr von dem uns geläufigen Flußnamen »Ganges«, sondern ich schreibe und sage »Ganga«, weil das grammatische Feminin für den heiligen Fluß von mythologischer Notwendigkeit ist. Der Fluß Ganga wird in Indien als Göttin und Mutter verehrt, und der Name Ganga wird sowohl für den Fluß als auch für die Göttin verwendet. Den Fluß entlang gibt es mehr als siebzig Bade-Ghats, die sich vom Assi Ghat im Süden, wo wir im Hotel Ganges View einquartiert waren, bis zum Adi Keshava Ghat im Norden erstrecken, jenseits der über den Fluß führenden Eisenbahnbrücke. In der heiligen Ganga zu baden, dem Fluß, der nach hinduistischem Glauben vom Himmel auf die Erde gefallen sein soll, ist der erste Ritus in Varanasi ankommender Pilger, den die Bewohner von Varanasi, die sogenannten Banarsi, täglich vollziehen. Frauen, die ihren Haarscheitel mit roter Farbe zum Zeichen ihres Verheiratetseins nachgezogen haben und den Sari auch während ihres Bades tragen, murmeln ein Gebet und schöpfen Wasser für ihre Götter oder für ihre Vorfahren aus dem Fluß. Fließt das heilige Wasser der Ganga über die Fingerspitzen zurück, ist es den Göttern geweiht, tropft es von den Daumenballen, gilt es ihren Ahnen und Vorfahren. Besonders fromme Pilger überqueren den Fluß mit einem Boot und ziehen dabei eine lange Schnur mit eingeflochtenen gelben und orangefarbenen Tagetesblüten hinterher, den sogenannten Marygold, um das göttliche Wasser zu schmücken. Bei den Azteken werden diese Ringelblumen, deren orangefarbene Leuchtkraft bis ins Totenreich hinein zu sehen ist, »Cempazuchitl« genannt. Abends, wenn es dunkel ist, werden auf den Ghats die an langen Bambusstangen in geflochtenen Körben aufgehängten »Himmelslampen« und die in großen kegelförmigen, steinernen Ständern stehenden öligen Dochte angezündet. Diese Lichter erhellen den Weg für die Toten, wenn diese nach ihrem jährlichen Besuch auf der Erde zu den Vorfahren zurückkehren. Flußabwärts vom Assi Ghat, Richtung Einäscherungsplatz, treiben rote Rosenblüten und orangefarbene Ringelblumenblüten, Tausende flackernde Öllichter in tönernen, handgemachten Schälchen, auf denen man manchmal auch noch die Fingerabdrücke von Kindern sehen kann, Lichter, die in Verehrung der Göttin Ganga dargebracht werden. Das heilige Wasser der Ganga kann man in den engen Gassen der Stadtmitte von Varanasi auch in kleinen verschlossenen Kupferkrügen als Souvenir kaufen.

In den darauffolgenden Tagen, nach der ersten Nacht in Varanasi im Hotel Ganges View, in der ich meine Ohren mit dem rosafarbenen Wachs zugestopft hatte und nichts mehr hatte hören oder sehen wollen, gingen Kristina und ich mit Fotoapparat und Füllfeder, zuerst gemeinsam, am Ufer der Ganga, die Steintreppen entlang, von Ghat zu Ghat. Dann und wann tauchten Flußdelphine auf und verschwanden sofort wieder, fünfzehn, zwanzig Geier skelettierten einen nahe am Flußufer schwimmenden und bestialisch stinkenden Tierkadaver, Hunderte grüner Papageien tauchten auf, schwirrten hoch über dem Fluß in der Luft und verschwanden wieder, ein großes Ruderboot fuhr flußabwärts, beladen mit Holz aus dem Vindhya-Gebirge, Richtung Manikarnika Ghat, zum großen Verbrennungsplatz, wo es für die Einäscherung der Toten verwendet werden würde. Weiter das Flußufer entlang zum nächsten Ghat gehend, blieben wir bei den Sati-Gedenkschreinen stehen, die an Witwenverbrennungen erinnern, an Frauen, die sich, verzweifelt über den Tod ihres Mannes, das Leben genommen haben und ihren Männern in den Tod nachgefolgt sind oder auch gezwungen wurden, gemeinsam mit ihren toten Gatten bei lebendigem Leib auf dem Scheiterhaufen zu sterben. Immer wieder riefen ein paar am Flußufer, in der Nähe ihrer Boote sitzende Männer: »Hello, boat! Boat! Boat going!«, Kinder liefen mit ihren verschiedenfarbigen, hoch und weit über der Ganga schwebenden bunten Seidenpapierdrachen an den Steintreppen des Flußufers entlang. Am Dashashvamedha Ghat, dem Haupt-Ghat von Varanasi, beobachteten wir das bunte Treiben der Händler, die orangefarbene und gelbe Ringelblumengirlanden anboten, Zinnober- und Gelbwurzverkäufer, Erdnußverkäufer, die mit ihren kleinen, mobilen Öfen an Ort und Stelle die Erdnüsse frisch rösteten, kleine Jungen, die uns mit ihrem Stapel abgegriffener Ansichtskarten von Varanasi Hunderte Meter weit folgten, die aufdringlichen Männer, die im Weitergehen unsere Muskeln betasteten und ihre Masseurkünste anboten, Schlangenbeschwörer, die sich große, dicke Schlangen um den Hals hängten, ihre Bastkörbe öffneten und einer lethargisch im Korb eingeringelt liegenden schwarzen Kobra die flache Hand auf den Kopf schlugen, worauf die Schlange mit verschwommenen Augen ihren Hals reckte und mit der Zunge zu lispeln begann, und ab und zu, wenn der inzwischen auf der Flöte spielende Schlangenbeschwörer wieder, um die Schlange zu ermuntern, ihr Haupt betätschelte, erinnerte sich die Schlange auch tatsächlich an ihre Angriffs- und Verteidigungshaltung und stieß ihren Kopf bedrohlich nach vorne. Wir beobachteten die unter den großen, halbzerfetzten Bambusschirmen sitzenden geschäftstüchtigen Pandas, Brahmanen, die Pilgern Gelübde und Geld abnehmen, heilige Sprüche rezitieren und nach dem rituellen Bad in der Ganga den Gläubigen einen leuchtend roten Punkt, das »Tilaka«, auf die Stirn drücken, als Zeichen ihrer Teilnahme an einer heiligen Handlung. Über die Steintreppe des Deshashvademha Ghats hinauf, wo Frauen aus den Slums, auf den Treppen sitzend, ihre Kleinkinder entlausten, uns Mädchen und Buben nachliefen und an unseren Kleidern zerrten und die in ihren kleinen, fahrbaren Holzkisten hockenden Leprakranken mit ihren fehlenden Nasenbeinen, ihren entzündeten, mit gelbfleckigen Faschen verbundenen Händen und Füßen bettelnd und unverständliche Worte murmelnd ihre oft auch blutigen Fingerstumpen ausstreckten, gingen wir

die breiter werdende Straße mit den Obst- und Gemüse-
ständen entlang, wo ich das verwahrloste Siddhartha Hotel sah, zu dem ich aber keinen Eingang mehr fand, in die
enge, nur etwas mehr als einen Meter breite Vishvanath
Gali, wo Pilger, mit orangefarbenen Ringelblumen und
Süßigkeiten als Opfergaben für ihre Götter, zum Goldenen Tempel strömten oder singend vom Goldenen Tempel kamen, der von Militär schwer bewacht wird, in den
nur Hindus eintreten dürfen und an dessen Eingang wir
abgewiesen wurden.

Einmal ging ich gegenüber dem Siddhartha Hotel mit einer großen gelbgrünen Papaya, die ich soeben bei einem
Obststand gekauft hatte, die Straße entlang, als mir, wie so
oft in den engen Gassen von Varanasi, eine Kuh entgegenkam, die aber, als sie, auf meiner Höhe angekommen, die
Papaya wahrnahm, ihren gehörnten Schädel nach unten
auf die Papaya stieß, so daß mir die große Frucht, die ich
mit beiden Händen gehalten hatte, zu Boden fiel und ich
völlig überrascht und starr vor Schreck zur Seite sprang,
während die Kuh in aller Ruhe die Papaya vor meinen
Beinen auffraß, ich aber, heftig durchatmend, dankbar
und froh war, daß sie mich mit ihren Hörnern nicht auf-
gespießt, mir die Spitzen ihrer rot bemalten Hörner nicht
ins Auge oder in den Hals gestochen hatte, denn ich wäre
in der heiligen Stadt, in der ich noch nicht sterben und
eingeäschert werden wollte, zwischen den Verkaufsstän-
den mit den aufgestapelten Mangos, Papayas und großen,
grünen Kokosnüssen verblutet, ganz in der Nähe vom
Siddhartha Hotel, vor dem ich immer wieder stehenblieb,
ohne den Eingang zu finden, unweit vom Manikarnika
Ghat, wohin man mich getragen und wo man mich einge-

äschert hätte, wenn ich durch eine Verletzung der Hals-schlagader verblutet wäre. Während der holprigen Fahrt mit der Fahrradrikscha zurück zum Hotel, als es schon finster war, kam uns ein Leichenzug entgegen. »Rama nama sataya hai!« riefen die Männer, die einen auf einem Bambusgerüst in farbige Kunststofftücher eingewickel-ten Toten aufgeschultert hatten. Voran ging ein Mann mit einem dicken Bündel brennender, stark qualmender und nach Sandelholz riechender Räucherstäbchen. Hinter der Totenbahre gingen ebenfalls immer wieder »Rama nama sataya hai!« rufende Männer, die fäustevoll Reisflocken warfen auf den auf der Bambustragbahre aufgebundenen, vom Rhythmus der Gehenden leicht wippenden Kör-per und wackelnden Kopf des Toten und sich einen Weg durch die Straßenmenge bahnten. Am Toten soll man nicht anstreifen, heißt es nach hinduistischem Glauben, eine Berührung des Leichnams gilt als verunreinigend.

MAHASHMASHANA –
DIE GROSSE VERBRENNUNGSSTÄTTE

»Tappei ging weiter. Wieder lag am Fuß eines Felsblocks gebleichtes Gebein. Beide Beine waren an ihrem Platz, aber der Kopf war daneben auf den Boden gefallen. Nur die Knochen des Brustkorbs lehnten noch ganz wie bei dem ersten Toten an dem Felsen. Die Arme lagen beide weit vom Körper ab. Alle Glieder waren so weit verstreut, als hätte jemand sie zum Scherz so hingelegt. O Rin streckte wieder die Hand aus und bewegte sie: ›Vorwärts! Vorwärts!‹«

IN DEN DARAUFFOLGENDEN TAGEN ging ich mit dem Rüstzeug meiner Füllfeder, eines indischen Tintenfäßchens und eines roten Notizbuches, das ich gleich hinter dem Goldenen Tempel bei den Buchbindern gekauft hatte, das Gangesufer entlang, bis ich bei dem kleinen, nur wenige hundert Quadratmeter großen Einäscherungsplatz des Harishchandra Ghats ankam, der nur zwanzig Minuten Fußweg vom Assi Ghat, vom Hotel Ganges View entfernt ist, während man zu dem großen, unübersichtlichen Einäscherungsplatz am Manikarnika Ghat, auf dem täglich über hundert Tote eingeäschert werden, fast eine ganze Stunde lang gehen muß, und setzte mich an den Rand des großen, runden Einäscherungssteins, schlug mein Notizbuch auf, nahm meine Füllfeder aus der ledernen Umhängetasche und begann meine Beobachtungen zu notieren. Zuerst wurde ich von der Berufsgruppe der »Dom«, die zur Kaste der Unberührbaren gehört, der die Verbrennungsstätten in Varanasi am Harishchandra Ghat und am Manikarnika Ghat unterstehen und die auch die Toten einäschert, skeptisch und mißtrauisch beobacht. Die Doms verkaufen Holz, nehmen für jeden Leichnam, der am Ufer der Ganga eingeäschert wird, eine Gebühr ein und hüten das ewig brennende heilige Feuer, von dem alle Scheiterhaufen angezündet werden. Die Doms waren anfangs, wie bei jedem auf dem Einäscherungsplatz stehenbleibenden Touristen, auch bei mir aufdringlich, erklärten mir die Einäscherungsrituale, wollten Bakschisch haben und daß ich für eine arme Familie, die kein Geld hatte, um einen Toten einzuäschern, das Holz für die Einäscherung kaufe, aber nachdem ich wieder und wieder gekommen war, mich mit Füllfeder und Notizbuch zwischen die brennenden Scheiterhaufen setzte, gehörte ich zu ihnen. Sie äscherten die Toten ein, ich setzte mich an meinem Platz, der manchmal noch warm von Ascheresten war, und begann zu schreiben, nicht selten mit einem zu meinen Füßen in der warmen Asche zusammengekrümmt liegenden und schlafenden, sich beim Aufwachen immer wieder in seinen Rücken beißenden, an seinem Rücken nagenden oder an seinem Geschlecht leckenden Hund. Worüber ich schrieb, wußten die Doms nicht, sie wollten nur keine Bilder sehen, keine Zeichnungen von den Einäscherungen, keine Fotos vom Verbrennen der Toten, das war verboten, denn es würde, wie sie erzählten, die Seelen der Toten daran hindern, in den Himmel zu kommen, aber wenn ich ihnen genug Bakschisch zusteckte, durfte ich bei den Einäscherungen auch fotografieren, und wenn ich ihnen noch mehr Bakschisch gäbe, hätte ich den Toten auch gleich mitnehmen können. An einer hohen, zu den Quartieren der Doms führenden Mauer am Harishchandra Ghat sind Abertausende Kilo Mango-Holzprügel gestapelt, die an Ort und Stelle mit einer großen, alten Waage abgewogen und für die Einäscherung ihrer Toten an die Verwandten verkauft werden. Wenn die Angehörigen nur wenig Geld hatten und nur ein paar Holzprügel kaufen konnten, wurde der Leichnam, der zuerst wohl noch in das heilige Wasser der Ganga eingetaucht wurde, ein Stück weggerückt vom Fluß oder überhaupt, zehn, zwanzig Meter weit vom Flussufer entfernt, unmittelbar unter den Steintreppen eingeäschert, und dann konnte man auch, wenn nur ein paar Holzprügel unter und ein paar Holzsprießel auf dem Toten lagen, tatsächlich sehen, wie ein menschlicher, in ein färbiges Kunststofftuch eingewickelter Leichnam verbrennt, mit allen Einzelheiten, die ich ebenfalls in mein rotes indisches Notizbuch aufzeichnete. Bauern, die mit Traktor und Anhänger, auf dem auch die Verwandten saßen, ihren Verstorbenen in die Stadt brachten, hatten Holzprügel aufgeladen, denn der Tote sollte auch mit dem Holz aus seiner nahen Umgebung, aus seinem Lebensbereich eingeäschert werden. Konnten die Angehörigen mehr Holz kaufen, wurde der Leichnam ganz dicht am Ufer der heiligen Ganga oder überhaupt, was eher selten vorkam, auf dem großen runden Einäscherungsstein verbrannt, an dessen Rand ich oftmals mit meinem aufgeschlagenen Notizbuch saß, um aufs Flußufer hinunter, auf die vorbeifahrenden Boote, auf einen brennenden Holzstoß oder auf das Treiben ringsum am Einäscherungsplatz zu schauen. Nachdem ein Leichnam angebrannt war, nach den Andachtsminuten, begannen sich die vor dem Scheiterhaufen stehenden und hockenden Inder wieder zu unterhalten, rauchten Bidis, manche konnten auch scherzen und lachen, denn es heißt nach hinduistischem Glauben, daß man die Tränen nicht zeigen soll, daß Trauern und Wehklagen dem Verstorbenen Unglück bringt und er lange nicht ins Nirwana findet. Andere wiederum starrten wortlos zwei Stunden lang in die orange- und gelbfarben hochstechenden, den Leichnam umlodernden Flammen und in die manchmal einen halben Meter dicke Glut. Die Doms stocherten immer wieder mit Bambusstangen im Scheiterhaufen, um die Verbrennung zu beschleunigen, gabelten die von der langsam zusammenbrechenden Feuerstelle herabrutschenden halbverkohlten Arme und Beine, die sich vom Körper gelöst hatten, mit der langen Bambusstange auf und steckten sie wieder in die Glut hinein.

Abgesehen von den weiblichen Touristen ist es Frauen verboten, sich am Verbrennungsplatz aufzuhalten und an einer Einäscherung teilzunehmen. Ich habe Hunderte Einäscherungen in Varanasi am Harishchandra Ghat gesehen, aber niemals sah ich eine Inderin, die von Anfang bis zum Ende bei der Verbrennung ihres Verwandten oder auch ihres Mannes dabeisein durfte. Nur einmal hockte lange weinend und jammernd eine Frau am Einäscherungsplatz vor ihrem in farbige Kunststofftücher eingewickelten toten Mann, entblößte sein Gesicht, küßte seine Stirn, und als dann der Tote von den Verwandten auf den vorbereiteten Scheiterhaufen gehoben wurde und das Ritual der Einäscherung begann, wurde die verzweifelt schreiende und zappelnde Frau von zwei Männern weggetragen, über die Steinstiege des Harishchandra Ghats hinauf, vorbei am ewig brennenden Feuer, von dem alle Scheiterhaufen angezündet werden, in die Harishchandra Road hinein, nicht einmal von weitem durfte sie bei der Einäscherung ihres verstorbenen Mannes zusehen. Ein bloßfüßiger, halbwüchsiger, nur mit einem rotweißen Lendentuch bekleideter Junge mit schwarzgefärbten Augenlidern – der Sohn eines Dom – trug ein zwischen zwei getrocknete Kuhfladen geklemmtes heißes, mit einem grauen Aschefilm überzogenes kleines Holzkohlestück, das er vom ewig brennenden Feuer genommen hatte, lief über die Steinstiege und über den Sandhügel hinunter ans Ufer der Ganga und legte es auf die Knickstelle des heiligen Kusha-Grases, das ein frischgeschorener, glatzköpfiger, nur mit einem nahtlosen weißen Baumwolltuch bekleideter, vor einem Scheiterhaufen wartender Mann in seinen Händen hielt. Die rauchend heiße, auf dem Kusha-Gras liegende Kohle begann sich rot zu färben, zu

glühen und entzündete das Gras, mit dem der kahlge-
schorene Mann siebenmal, dabei jedesmal die Stirn des
von Kopf bis Fuß in ein farbiges, mit goldenen Streifen
durchwirktes Tuch eingewickelten Toten mit dem Feuer
berührend, um den Scheiterhaufen herumging, ehe er das
lichterloh brennende Bündel unter dem Rücken des Toten zwischen die kreuz und quer aufgestapelten Mango-
holzscheiter steckte. Manch einer verbrannte sich dabei
oder ließ das lichterloh brennende Büschel Kusha-Gras
vor dem Scheiterhaufen zu Boden fallen und mußte mit
dem Ritual des Anzündens noch einmal von vorne beginnen.

Einmal sah ich, daß Bidis rauchende, Pan kauende und den
roten Betelnußsaft sich vor die Füße spuckende, vor dem
brennenden Scheiterhaufen hockende Männer zu lachen
und zu scherzen begannen, als sich die brennenden Beine
einer toten, auf dem Holzstoß liegenden Frau langsam in
der Hitze grätschten. Einmal urinierte ein kleiner Junge,
der kohlebeschmutzte Sohn eines Dom, mit der Asche
der Toten unter den Zehennägeln, in den noch brennenden Scheiterhaufen hinein, in dem ein Leichnam verkohl-
te, ein anderes Mal trocknete geduldig ein Junge seinen
nassen Papierdrachen, der in die Ganga gefallen war, über
den Flammen, ein Hund lief mit einem angekohlten, von
der Hitze angeschwollenen menschlichen Unterschenkel
mit verbogenem Fuß und schwarz angesengten Zehen das
Flußufer entlang, gefolgt von ein paar anderen bellenden,
knurrenden und zähnefletschenden Hunden, die ihm den
Happen streitig machen wollten. Nachdem die Angehörigen eines noch brennenden Toten in der heiligen Ganga
ein rituelles Bad genommen hatten, gingen sie wieder zum

inzwischen niederbrennenden Scheiterhaufen zurück und hielten zum Trocknen die nassen, löchrigen Unterhosen, mit denen sie in den Fluß gestiegen waren, über den schwarzklumpigen, in der Hitze der orangefarbenen und gelben Glut verkohlenden Kadaver, dem Arme und Beine bereits verbrannt waren. Ein anderes Mal tauchten junge Wiener Hare-Krishna-Leute am Einäscherungsplatz auf mit einem gelben Julius-Meinl-Plastiksack, auf dem der Schatten eines Mohrenkopfes abgebildet ist, sangen »Hare Krishna! Hare Rama! Hare! Hare!« und gingen mit der Julius-Meinl-Einkaufstasche, den Kopf wiegend, mit treuherzigem Augenaufschlag »For Krishna! For Krishna!« flüsternd von Inder zu Inder und bettelten um Rupies. Tatsächlich griffen, eingeschüchtert von der psalmodierenden Krishna-Anbetung, arme Inder in ihre Hosentaschen und zogen Münzen, auch Geldscheine heraus. Vertrieben wurden die Wiener Hare-Krishna-Leute von einem mit einem kohlebeschmutzten Panjabidreß bekleideten Mädchen – Tochter eines Dom –, die den Hare-Krishna-Girls und -Boys eine zwischen zwei halbierte Bambussprießeln eingeklemmte, angekohlte Prothese, die es aus einem brennenden Scheiterhaufen gefischt hatte, unter die Nase hielt und verkaufen wollte. Manchmal tauchten am Einäscherungsplatz auch Sadhus auf, die zu den Asketen der Aghoris gehören, denen man nachsagt, daß sie Exkremente essen, Urin und Alkohol trinken, Marihuana rauchen, auf gestohlenen Leichenholzresten ihre Speisen kochen, Verstorbene enthaupten, den Schädel präparieren, um darin Nahrung zu sammeln. Der von den Banarsi verehrte Sadhu Bhimababa lief jahrelang splitternackt in der Stadt umher, nahm sein Essen, ohne es mit seinen Händen zu berühren, wie eine Kuh mit dem Mund zu sich, bis er, verstorben, unter großer Gefolgschaft der Bewohner von Varanasi, aufgebunden auf einer über und über mit orangefarbenen Ringelblumen geschmückten Sänfte, ans Flußufer getragen und den Fluten der heiligen Ganga übergeben wurde.

Einmal sah ich – ich traute meinen Augen –, wie von einem uniformierten, schnauzbärtigen Mann ein durch Kopfschuß hingerichteter Kindsmörder an einem Strick, der an dessen zusammengebunden Beinen befestigt war, die Harishchandra Road hinunter am ewig brennenden, heiligen Feuer vorbei neben dem elektrischen Krematorium über die Steinstiege des Harishchandra Ghats gezogen wurde. Immer wieder schlug sein Kopf, Blut verlierend, hart auf den Stiegenkanten auf. Kopf und Hüften des Mörders waren mit einem Tuch umschlungen, die übrigen Körperteile nackt. Sein Oberkörper war aufgeschnitten worden und nur notdürftig, mit wenigen Stichen, zusammengenäht. Die Stichstellen waren blauviolett. Zwischen den Lücken der weißen Chirurgennähte schimmerten die grauen Eingeweide heraus. Blut sickerte aus der Schußwunde am Kopf, aus Mund und Nasenlöchern, während der Delinquent, dessen Schädel immer wieder auf den Steinstufen aufschlug, von dem fluchenden uniformierten Mann am Strick über die Stiege zum Einäscherungsplatz hinuntergezogen und mehr als eine halbe Stunde lang liegengelassen wurde, bis ein Bootsmann das Strickende am Bug seines Bootes befestigte. Der Mann ruderte das Boot mit dem angebundenen, im Wasser versinkenden Leichnam des Mörders ein Stück in die Ganga hinaus, entknotete den Strick und ließ ihn ins Wasser gleiten. Mit Flußwasser säuberte er den Bug des Bootes, an dem der

Leichnam mit dem Strick befestigt gewesen war, ruderte zurück ans Ufer und befestigte das Boot an einer am seichten Ufer hochragenden Holzstange.

DER RITUS DES SCHÄDELS

»Als Tappei sich zufällig noch einmal zu dem Toten umwandte, saß in dessen Brust noch ein Rabe. ›Waren es denn zwei?‹ fragte er sich, als sich unter dem zweiten Raben der Kopf eines dritten bewegte. ›Dieser Tote hat seine Beine ausgestreckt wie jemand, der sich ausruht, aber die Raben haben seinen Bauch zerfressen und ihr Nest darin gebaut‹, dachte er.«

IN DER STADTMITTE VON VARANASI steht ein Sterbehaus, das »Kashi Labh Mukti Bhavan« genannt wird, in das sich von auswärts kommende Schwerkranke und Sterbende einmieten können, die, der Vorschrift entsprechend, keinen Arzt mehr konsultieren und keine Medizin mehr einnehmen, nur mehr auf den Tod warten. Alle paar Stunden erhalten die Todkranken ein paar Tulsi-Blätter und Gangawasser, die beste Medizin zum Sterben. Das Wasser der Ganga wird »amrita«, »Nektar der Unsterblichkeit«, genannt. Wenn sich die Sterbenden länger als vierzehn Tage in diesem Haus aufhalten, bedarf es einer Erlaubnis des Direktors. Jedes Jahr kommen Tausende, um in der heiligen Stadt Varanasi zu sterben und auf einem der beiden Verbrennungsplätze eingeäschert zu werden. Seit mehr als 2500 Jahren kommen die gläubigen Hindus zu diesem Ort, den sie sowohl die »Große Verbrennungsstätte« als auch den »Wald der Seligkeit« nennen, und keine andere Stadt auf Erden ist des Todes wegen so berühmt wie Varanasi. Im traditionellen Indien liegt der Totenverbrennungsplatz außerhalb der Stadt, weil es unreiner Boden ist. In Varanasi befinden sich die Verbrennungsplätze mitten in der lebhaften Stadt, unmittelbar neben den Badeplätzen, und sie sind heiliger Boden, denn der Tod in Varanasi wird von den gläubigen Hindus als ein Segen betrachtet. Viele schleppen sich auch todkrank ans Ufer der Ganga, um von dort weg zur Verbrennungsstätte getragen und eingeäschert zu werden. Wenn ich stundenlang in der Harishchandra Road, wenige Meter von dem für gläubige Hindus unwürdigen und wenig frequentierten elektrischen Krematorium, das in den Achtzigerjahren des vergangenen Jahrhunderts unter großen Protesten der geschäfstüchtigen Doms errichtet wurde, unweit vom Stiegenabgang zum Einäscherungsplatz des Harishchandra Ghat mit meinem roten indischen Notizbuch unter einem Baum saß und die Arbeiter am riesigen Holzlager beim Spalten und Zerkleinern der Mangoholzprügel beobachtete, die Schreie ihrer Anstrengung hörte, mich wieder von den auf den Baumstämmen und an den Ästen herunter- und hinauflaufenden grauweißen Streifenhörnchen ablenken ließ, wurden immer wieder Verstorbene mit den verschiedensten Verkehrsmitteln herangebracht, auf dem Dach von weither kommender Omnibusse oder auf dem Anhänger eines Traktors, wo die Verwandten und Bekannten, rings um den in vergoldete Tücher eingewickelten Toten sitzend, brennende Sandelholzräucherstäbchen in den Händen hielten. Auf einem Karren, mit dem sonst die Obst- und Gemüsehändler durch die Straßen zogen, lag einmal ein Toter, einer war hochkant auf einer Fahrradrikscha festgebunden, mit zur Brust gesenktem Kopf, ein anderer befand sich auf dem Dach einer Motorrikscha, und viele wurden mit Jeeps, an deren Rückseite man die beiden herausragenden Stangen der Bambustragbahre sehen konnte, zum Verbrennungsplatz gebracht. Immer wenn ein Omnibus anhielt, von dessen Dach ein Toter gehoben wurde, und die mitfahrenden Leute ihre Beine streckten und Turnübungen machten, wußte ich, daß sie den ganzen Tag oder vielleicht auch die ganze Nacht im Omnibus von weither, aus Kalkutta, Delhi oder Bombay, gekommen waren, um hier in der heiligen Stadt der Hindus ihren Toten einzuäschern. Die Toten wurden von den Angehörigen oder Verwandten zu den Verbrennungsplätzen ans Ufer der Ganga gebracht oder auch von Leichentransportunternehmen mit den Namen »Heaven Express«, »Last Rites Mail« oder »Corpse Waggon«. Wenige Meter entfernt von dem Baum, unter dessen Ästen ich mit meinem aufgeschlagenen Notizbuch saß, wurden die auf Bambustragbahren gebundenen Verstorbenen am Rand der Straße abgesetzt, und die Verwandten begannen mit dem Aushandeln des Holzpreises. Immer wieder kam es dabei zu Streitereien mit den Doms, die oft auch das noch nicht vollständig verbrannte, durch die Einäscherung eines Toten unrein gewordene Holz als Kochholz wiederverkaufen und manchmal, um Holz zu sparen und bei der nächsten Einäscherung weiterverwenden zu können, eine halbverkohlte Leiche mit ihren Bambusstäben vom Scheiterhaufen stoßen und in den Fluß werfen. Täglich trugen die Kinder der Doms, manchmal drei- und vierjährige Mädchen und Knaben, noch brauchbare halbverbrannte oder halbverkohlte Holzstücke in ihre Quartiere. Der Leichnam wird schließlich, wenn die Verhandlungen über den Holzpreis mit den Doms abgeschlossen sind, am ewig brennenden, heiligen Feuer vorbei, von dem alle Scheiterhaufen angezündet werden, von den Trägern und Begleitern, die immer wieder »Rama nama satya hai!« rufen – Gottes Name ist Wahrheit –, ans Flußufer getragen und noch einmal ins heilige Wasser der Ganga eingetaucht. Die Hanfstricke, mit denen der Tote auf die Bambustragbahre gebunden ist, werden gelöst, die orangefarbenen, um den Leichnam gewickelten Ringelblumengirlanden in den Fluß geworfen, und der Tote wird auf den von den Doms vorbereiteten Scheiterhaufen gehoben. Der Rangerste unter den Trauernden, meistens der älteste Sohn mit dem frischgeschorenen Haupt, der nur mit einem weißen, nahtlosen, dünnen Baumwolltuch bekleidet ist, bringt vom ewigen Feuer, das von den Doms Tag und Nacht bewacht wird, die brennenden Halme des heiligen Kusha-Grases, geht siebenmal um den Scheiterhaufen und steckt sie unter dem aufgebahrten Leichnam zwischen die Holzsprießel. Wenn der Leichnam fast verkohlt ist, schlägt der Sohn des Toten oder der Rangerste unter den Trauernden mit einem langen Bambusstock den Schädel des Leichnams ein, was »Ritus des Schädels« genannt wird. Jetzt kann, wie es heißt, die Seele, der Lebenshauch entweichen, jetzt ist der Vater nicht nur körperlich, jetzt ist er auch rituell gestorben, und mit diesem Akt wird die Seele aus den Verstrickungen des Körpers befreit und der Tote kann »Moksha« erlangen. Nach ungefähr zwei Stunden, wenn der Körper verbrannt ist, nimmt wiederum der Rangerste unter den Trauernden einen Krug Gangawasser und wirft ihn, ohne sich umzusehen, über seine linke Schulter auf die noch rauchende Asche mit den kleinen menschlichen Knochenresten und geht ein Stück flußabwärts, um sich in der Ganga einem rituellen Bad zu unterziehen.

Neugeborene und Kleinkinder werden nicht eingeäschert, sondern, eingewickelt in ein weißes Baumwolltuch, auf einen schweren, flachen Stein gebunden, auf den Bug eines Bootes gehoben, in die Flußmitte hinausgerudert und am Jalsai Ghat bestattet, unmittelbar vor dem Einäscherungsplatz des Manikarnika Ghats, oder auch, wo ich es öfter sah, gegenüber vom Einäscherungsplatz des Harishchandra Ghats in der Flußmitte an der Stelle versenkt, wo im Laufe der Zeit Hunderte und Tausende Kinder vom Boot ins Wasser gestoßen wurden und wo der in die Tiefe gleitende Kinderleichnam zwischen den davonstiebenden, Kinderfleisch fressenden Fischen auf andere auf dem Grunde des Flusses liegende, zusammenkrachende Kinderskelette fällt. Bevor der Leichnam eines Kindes zur Wasserbestattung freigegeben wird, läßt sich der Bootsmann einen Totenschein geben, einen kleinen, ein paar Quadratzentimeter großen Papierfetzen, auf dem in drei verschiedenen Handschriften auf Hindi der Name und das Geburtsdatum des Kindes aufgeschrieben stehen. Der Bootsmann begutachtet den Kindertotenschein, wirft ihn am Flussufer in den Sand, rudert das tote Kind in Begleitung des ein Bündel brennender Räucherstäbchen in den Händen haltenden Kindsvaters und in Anwesenheit eines Priesters in die Flußmitte hinaus, wo das auf einen flachen Stein aufgebundene Kind in den Fluß gekippt wird. Manchmal kann man am Flußufer die Räucherstäbchen riechen, mit denen der Vater das tote Kind verabschiedet. Wenn es ruhig ist am Flußufer und man nur das Knistern eines Scheiterhaufens hört, kann man auch das Hineinplatschen des Steines mit dem Kind wahrnehmen, als letztes Geräusch, bevor der schwere Stein mit dem toten Kind schnell absinkt und auf den Berg der Kinderskelette und Kinderleichen fällt. Viele Kindertotenscheine habe ich im Laufe von Monaten am Flußufer des Harishchandra Ghats besonders in den ersten Jahren unserer Reisen nach Indien im heißen Sand gefunden, manche aufgesammelt und in meine roten indischen Notizbücher geklebt, die ich bei den Buchbindern in der Stadtmitte kaufte, nahe dem Goldenen Tempel und unweit des besten, aber unscheinbaren Süßigkeitenladens in Varanasi, von dem ich oft mit Blattsilber belegte Süßigkeiten mit den Namen »Soojee Kul Kuls«, »Gulab Jamon« und »Baloo Shahi« ins Hotel mitbrachte zu unserem Nachmit-

tagstee und für die Boys aus Nepal, die uns bedienten, das
Frühstück auf die große Hotelterrasse brachten, auf der
uns nicht selten große und kleine Affen besuchten, geduldig auf dem Geländer der Terrasse wartende Raben mit
den auf Frühstückstellern zurückgelassenen Butterstük-
ken verschwanden und schwerfällig auf den Neembaum
zuflogen. Als einmal bei einer Einäscherung ein Junge ein
vergoldetes Tuch auf das schwarz werdende und verkoh-
lende Gesicht seiner Mutter legte, das sofort zu brennen
und zu schmelzen begann, wobei sich der vergoldete
Kunststoff wie Blattgold auf den geöffneten Mund mit
den rußgeschwärzten Zähnen und die Augenhöhlen legte, kam mir wieder das Blattgold in den Sinn, das ich auf
den Klostermauerresten und auf der Mauer der Stupa
in Sarnath sah, wo die irdischen Reste von Buddha verehrt werden, Blattgold, das buddhistische Pilger, Gebete
sprechend, auf die Mauern aufgetragen hatten. Ich dachte, als ich den goldfarbenen Kunststoff auf dem geöffneten Mund und auf den Augenhöhlen der verbrennenden
toten Frau sah, an die Blattgold- und Blattsilberklopfer
von Varanasi, Muslime, Jugendliche und Erwachsene, die
den ganzen Tag, unterbrochen nur von den regelmäßig
über Lautsprecher ertönenden Gebetsaufrufen des Mu-
ezzins, auf Holzblöcken die in eine Ledertasche eingewickelten, übereinandergestapelten, mehrere Zentimeter
langen Silber- und Goldstreifen in stundenlanger Arbeit
zu Blattgold und zu Blattsilber flachhämmern. Oft saß
ich, ermüdet von meinen langen Gängen durch die Stadt,
bei den Silberklopfern und ließ mich vom Rhythmus und
vom musikalischen Klang ihres Klopfens berauschen.
Nach jeder Reise erwarb ich von ihnen mehrere Bündel
Blattsilber und legte, angekommen in Kärnten, in mei-

nem Elternhaus vor dem erstaunten Vater das hauchdünne, sofort in Falten fallende Silber auf die Malakofftorte, der die Mehlspeise mit den Worten: »Ich friß kein Eisen!« mit erhobenen Händen und geöffneten Handschalen ablehnte, den Teller zurückschob und auf ein neues, mit Kirschen gefülltes Stück Torte ohne Blattsilber wartete.

DIE ROTEN INDISCHEN NOTIZBÜCHER

»Die Raben kamen ihm nicht mehr wie Vögel vor. Ihre Augen blickten wie die Augen schwarzer Krater, und ihre teilnahmslosen Bewegungen erregten Unbehagen. Auch die Zahl der umherliegenden Toten wurde immer größer. Als er noch ein wenig weiterschritt, entdeckte er eine Kuppe, die wie ein kahler Berg aussah und wo nichts als Felsblöcke waren. Dort lagen die weißen Knochen so dicht wie frisch gefallener Schnee; so viele waren es, daß die ganze Gegend davon weiß geworden war.«

WÄHREND MEINER AUFENTHALTE in Varanasi durchblätterte ich täglich mehrere Tageszeitungen, »The Times of India«, »The Hindustan Times«, »The Hindu« und die Provinzzeitung »Patrika« aus dem indischen Bundesstaat Uttar Pradesh, aus denen ich schöne und schreckliche Bilder, Unglücksgeschichten herausschnitt und Tag für Tag zwischen meine Beobachtungen auf dem Einäscherungsplatz und zwischen meine Tagebuchaufzeichnungen in die Notizbücher klebte. Aus den Hindi-Provinzzeitungen schnitt ich ebenfalls Kuriositäten oder Todesbilder und ließ mir die auf Hindi beschriebenen Ereignisse von unserem Hotelier Shashank Singh übersetzen: Wegen eines Landstreits wurde ein zwölfjähriger Junge von drei Männern mit einem Hackbeil zerstückelt, als er über ein Feld lief, das sein Vater nicht an seine Verwandten verkaufen wollte. Ein fünfundfünfzigjähriger Bauer wurde zu Tode gesteinigt, weil seine kleine Viehherde durch den Getreideacker eines anderen Bauern gelaufen war und einen Teil der Ernte niedergetrampelt hatte. Oder eine andere Geschichte, die mich an den Film »Im Reich der Leidenschaft« des japanischen Regisseurs Nagisha Oshima erinnerte, las ich in der englischsprachigen, schlecht gedruckten und stark nach Druckerschwärze riechenden »Patrika« – daß der inzwischen stark verweste Leichnam eines zwölfjährigen Jungen aus einem Brunnen gefischt werden mußte und mehrere Männer der Tat überführt wurden, die mit dem Vater des Buben im Streit lagen. Im Film »Im Reich der Leidenschaft«, den ich einmal um Mitternacht in einem Berliner Kino im japanischen Original sah, verliebt sich die schöne

Seki, die den alternden Rikschafahrer Gisaburo, den sie abendlich mit Massage und Sake bis zur Betrunkenheit verwöhnt, in den im Dorf auftauchenden, jüngeren, soeben aus der Armee entlassenen Soldaten Toyoji. Als beim Liebesspiel Toyoji die Schamhaare von Seki wegrasiert, hat sie Angst, daß ihre neue Liebe von Gisaburo entdeckt werden könnte. Toyoji und Seki erwürgen Gisaburo mit einem Strick und werfen die Leiche in einen tiefen Brunnenschacht, aber ein paar Jahre nach dem Mord wandelt Gisaburos Geist als überall eindringender, lebendiger, gespenstischer Scherenschnitt im kleinen, verschneiten japanischen Dorf umher und verfolgt nicht nur seine Mörder, sondern alle Dorfbewohner, bis Verdacht aufkommt, sich Gerüchte verbreiten, ein Inspektor mit Ermittlungen beginnt und schließlich der halbverweste Leichnam des Rikschafahrers Gisaburo aus dem Brunnenschacht gezogen wird. Ebenfalls in der indischen Provinzzeitung »Patrika« wurde von einer Familie berichtet, die aus dem Gujarat mehr als tausend Kilometer weit in die heilige Stadt Varanasi gepilgert war, um sich an einem besonderen Festtag in der Ganga rituellen Waschungen zu unterziehen, im Goldenen Tempel zu beten und ihren Göttern Opfer darzubringen. Ihr fünfzehnjähriger Sohn, der in der Dämmerung mit hocherhobenem Kopf an den Ghats, am Flußufer seinen immer höher über die dunkelblaue, mit einem rosaroten Schimmer von der untergehenden Sonne beschienene Ganga steigenden und davonziehenden Papierdrachen folgte, stürzte über eine Mauer hinunter und brach sich dabei das Genick. Der Leichnam des Knaben wurde am Harishchandra Ghat in Varanasi eingeäschert.

Monatelang saß ich Tag für Tag am Harishchandra Ghat, beschrieb die Einäscherungen der Toten und beobachtete das Treiben auf dem kleinen Platz, auf dem oft fünf, sechs, manchmal auch mehr Scheiterhaufen gleichzeitig brannten. Mich hatte aber, nachdem ich schon viele Einäscherungen gesehen hatte und meine nekrophile Neugier gestillt war – ihr erinnert euch, die Flut meiner Erinnerungsbilder beginnt mit meinem dritten Lebensjahr in dem Augenblick, als mich meine Tante Tresl, die gute Haut, ins Aufbahrungszimmer meiner an gebrochenem Herzen verstorbenen Großmutter führte, die im Zweiten Weltkrieg drei Söhne im jugendlichen Alter verloren hatte, über das mit Buchsbaumzweigen geschmückte Sargunterteil hob und mir, das Bahrtuch hochhebend, das Totenantlitz meiner Großmutter mütterlicherseits zeigte –, nicht interessiert, ununterbrochen und immer wieder zuzusehen, wie Verstorbene am Ufer des heiligen Flusses verbrennen und eingeäschert werden, sondern mich reizte besonders, mit Füllfeder und Notizbuch beobachtend und aufschreibend an der Verbindung zwischen Leben und Tod teilzunehmen und teilzuhaben, wenn auch nur mit meinem Auge, auf diesem nur ein paar hundert Quadratmeter großen Totenplatz, auf dem die Kinder der Doms spielten, die manchmal bei den Einäscherungen mithalfen, bei den niederbrennenden Scheiterhaufen in den noch rauchenden Resten zwischen den Holzkohlestückchen und kleinen, weißen, feinlöchrigen, menschlichen Knochenstückchen nach Schmuck und Edelmetall suchten, wo in der noch warmen Asche ausruhende und sich selber immer wieder in den Rücken beißende oder an ihrem Fell nagende Hunde auf einen Happen warteten, auf ein halbverkohltes menschliches

Leichenteil oder bei einem bereits niedergebrannten Scheiterhaufen die noch heißen, grauen feinlöchrigen Knochenreste vorsichtig in ihrem Maul einspeichelten und so wälzten, daß sie sich Zunge und Gaumen nicht verbrannten, und wo Kühe, Kälber und auch Stiere die orangefarbenen Marygoldgirlanden, mit denen die Toten umwickelt und geschmückt waren, die groben Hanfstrikke fraßen, mit denen die Toten auf die Bambustragbahren geschnürt waren, wo neugierige Touristen herumstanden und lange auf die brennenden Scheiterhaufen schauten, wo einmal zwischen den brennenden Scheiterhaufen, ganz dicht am Ufer des Flusses, zwei Stiere mit ihren Hörnern aneinandergerieten, so daß selbst die Doms mit den langen, angekohlten Bambusstangen, mit denen sie in den Scheiterhaufen herumstocherten, das Weite suchten, bis die Stiere voneinander abließen und einer der beiden Stiere blutend, aber als Sieger mit den goldglitzernden Streifen eines zerrissenen Leichentuches als Trophäe auf den Hörnern den Platz verließ, und wo ich einmal eine Schlägerei zwischen zwei betrunkenen Doms sah, die sich wohl um das lukrative Verbrennen eines Leichnams stritten und sich gegenseitig blutig schlugen. Der eine trat mit seiner nackten Ferse in den Mund des auf dem Boden liegenden, bereits Geschlagenen, der sich schreiend zur Seite wälzte, wutentbrannt aufstand und seine abgebrochenen Zähne ausspuckte. Blut rann über sein Kinn und tropfte auf seine nackte, mit Holzkohle beschmierte Brust. Mit einer an der Spitze rauchenden Bambusstangeverfolgte er seinen fliehenden, über Stock und Stein laufenden Feind. Öfter als einmal hatte ich gesehen, wie die Kinder der Doms – sieben- und zehnjährige Mädchen und Jungen – alleine einen Leichnam einäscherten, für

den es wohl nur ein paar Rupies Bakschisch gegeben hatte, mit den Bambusstangen im Scheiterhaufen stocherten
und die sterblichen Überreste tiefer in die Glut hineindrückten, damit sie schneller verbrannten und zu Asche
wurden. Oder wenn die Doms, um den »Ritus des Schädels« zu erfüllen, lachend und aggressiv, in aufgestauter
Wut und mit unmißverständlich häßlichen Hindiworten,
mit einer an der Spitze angekohlten Bambusstange auf
den Schädel des noch brennenden Toten schlugen, bis er
in mehrere Teile zerbrach.

Ohne Notizbücher und Füllfeder hätte ich mir die vielen Einäscherungen und das Treiben auf dem Totenplatz
nicht anschauen können, es hätte mich erdrückt, und ich
hätte vor allem nachts in meinen Träumen keine Ruhe
vor dieser Bilderflut des Todes gehabt, aber sie wurden in
meinen roten, indischen Notizbüchern festgehalten, und
sie wurden zwischen leere Seiten verbannt. Wenn ich ein
Notizbuch vollgeschrieben hatte, wurde es mit der langen Schnur, mit der auch die einzelnen Blätter befestigt
waren, zusammengebunden und verschnürt, damit kein
Wort verlorengehen, kein Satz herausrieseln konnte, und
erst wieder geöffnet, wenn ich, vor dem Einschlafen im
Hotelzimmer, die eingeklebten Bilder wieder anschauen
und die ausgeschnittenen Zeitungsartikel lesen und mir
beim Blättern und Rascheln im vollgeschriebenen Notizbuch dann und wann auch bestätigen wollte, daß ich
wenigstens irgend etwas getan hatte und nicht ganz umsonst auf der Welt war, mich auch nicht ganz umsonst am
Ufer der Ganga und in der heiligen Stadt Varanasi herumgetrieben hatte. Ich mußte die unzähligen kleinen Beobachtungen genau und detailliert in meine Notizbücher

eintragen, um sie einerseits festzuhalten, nie zu vergessen, andererseits aber, um sie loszuwerden, von mir zu stoßen, woandershin, zuerst zwischen die rote Pappe der Notizbücher, schließlich und endlich zwischen zwei Buchdeckel, die Beobachtungen berußter Zähne im offenen Mund einer verbrennenden Toten und des schmorenden Lippenfleisches. Über die kochend heiße, gelbe Flüssigkeit, die sich im Mund des Toten sammelte, mußte ich schreiben, die über die beiden Mundwinkel hinunterrann, das Bild mit den kochenden Augen, die sich zuerst weiß färbten, mußte ich festhalten mit meinen Worten, die schließlich zusammenschrumpften und als kleine Holzkohlestückchen in die Augenhöhlen hineinrutschten. Hustend in dem beißenden Rauch des Scheiterhaufens, dem Geruch des Holzes, des Sandelholzpulvers und dem Geruch des brennenden und verkohlenden Menschenfleisches, harrte ich monatelang am Ufer der Ganga aus, Tag für Tag, vom späten Nachmittag bis sieben Uhr abends, bis es finster wurde und ich wußte, daß in einer Stunde im Hotel Ganges View der Tisch gedeckt sein würde, und ich, den Einäscherungsplatz verlassend, die Steinstiege des Harishchandra Ghats hinauf vorbei am ewig brennenden Feuer die Harishchandra Road entlangging, noch bei einem kleinen Gemischtwarenladen vorbeischaute und mich, eine Coladose in der Hand, auf eine Fahrradriksha setzte und zum Hotel bringen ließ, schnell in mein Zimmer ging, die nach dem Rauch von brennenden Scheiterhaufen riechenden Kleider ablegte, mich duschte, umkleidete und mich schließlich zum Abendessen unter die Gäste mischte. Als ich dann später einmal, bei meinem dritten Aufenthalt in Varanasi, am Germanistikinstitut der Banaras Hindu University meine ersten literarischen Entwürfe über die Einäscherung der Toten vorlas, sagte der damalige Institutsvorstand Professor Upadhyaya: »Very realistic! Very realistic!« Ein paar Tage später starb Professor Upadhyaya an einem Herzinfarkt und wurde in Anwesenheit seiner Studenten am Harishchandra Ghat, am Ufer der Ganga, auf dem großen runden Stein feierlich eingeäschert.

Dort, wo du bist, dort ist der Tod! sagte einmal ein Mädchen zu mir, das im Alter von fünfzehn Jahren von einem katholischen Pfarrer in einem Fichtenwald ihres Heimatdorfes vergewaltigt worden war, als ich, um in aller Ruhe schreiben zu können, ein Zimmer in einem Kärntner Bergdorf bezogen und unmittelbar nach meiner Ankunft, in den ersten Tagen meiner Anwesenheit im Dorf, ihr bäuerlicher Großvater sich mit einer Pistole das Leben genommen hatte. Wenige Stunden nach dem Begräbnis besuchte mich das Mädchen und saß mit ihren schwarzen Strümpfen – Zehen und Fersen an den Strümpfen waren mit Nylon verstärkt – am Bettende, während ich, ebenfalls auf dem Bett hockend, die Erzählung »Jeden ereilt es« von Hans Henny Jahnn aus der Hand legte und mir von ihr den Verlauf des Begräbnisses, die Grimassen und Beleidsworte der Trauergäste schildern ließ.

Bald nachdem ich die von der österreichischen Botschaft in Delhi organisierten Lesungen an den Universitäten in Delhi, Jaipur, Bombay, Dharwad, Hyderabad und Cochin absolviert hatte, reisten wir wieder zurück nach Kärnten, wo ich das Material meiner indischen Notizbücher auszuarbeiten begann. Aber bei den Bearbeitungen hatte ich immer wieder das Bedürfnis, nach Indien zurückzukehren, und als mir bewußt wurde, daß der gesammelte Stoff für einen ganzen Roman nicht ausreichen würde, ich den Text noch intensivieren und erweitern sollte, zogen Kristina und ich ein Jahr später wieder los, und ich wußte nun genau, wohin, nicht nach Bombay oder Kalkutta, nicht nach Kerala, Orissa oder Tamil Nadu, sondern wieder nach Varanasi, an den Einäscherungsplatz des Harishchandra Ghats. Als vor unserer dritten Reise die Pest im indischen Bundesstaat Gujarat ausgebrochen war, Hunderte Menschen bereits starben und Tausende davon befallen waren, wir in der europäischen Presse Fotos von den aus den Pestdörfern fliehenden, massenweise auf den Dächern der Züge sitzenden, in Panik ihre Häuser verlassenden Menschen sahen, war vor allem der Vater entsetzt, dem wir eine weitere Indienreise angekündigt hatten. Nach der Stallarbeit in der Küche vor dem Fernseher bei den Hauptnachrichten des österreichischen Fernsehens sitzend, schlug er die Hände über seinem Kopf zusammen, als er erfuhr, daß in Indien die Pest ausgebrochen war, und auf dem Bildschirm sah, daß stapelweise in weiße Tücher eingewickelte Pestleichen verbrannt wurden. Aber ich hatte keine Angst mehr, weder Angst vor Hunger noch vor Krankheiten, wir kauften auch nicht die empfohlenen Antibiotika gegen die Pest, wir stiegen in Wien in die Air India und flogen nach Delhi und von dort nach Agra, über Hunderte Tempel von Katchurao hinweg, weiter nach Varanasi. Noch am Abend unserer Ankunft ging ich mit meinem in der ledernen Umhängetasche verborgenen roten Notizbuch, mit Tintenfaß und Füllfeder vom Assi Ghat am Ufer der Ganga entlang zum Einäscherungsplatz des Harishchandra Ghats.

DIE GLOCKEN VON SANTA FÉ

»Nach zehn Schritten erhob er das Brett, auf dem O Rin nicht mehr saß, zum Himmel und begann bitterlich zu weinen. Wie ein Betrunkener stieg er torkelnd den Berg hinunter. Nach einigen weiteren Schritten stieß er gegen einen Leichnam und fiel hin. Seine Hand fuhr mitten in ein Gesicht, aus dem durch ein Loch, das hinter dem abgefallenen Fleisch entstanden war, ein grauer Knochen heraussah. Als er wieder aufstehen wollte, sah er sich das Gesicht des Toten an und bemerkte, daß um seinen dürren Hals ein Strick lag. Bei diesem Anblick senkte Tappei den Kopf: ›So viel Mut hätte ich nie gehabt‹, flüsterte er. Er stieg weiter den Berg hinab und war etwa auf der halben Höhe des Narayama angelangt, als etwas Weißes in sein Blickfeld geriet. Er blieb stehen und sah in die Ferne. Mitten zwischen den Eichen tanzte weißer Staub: Schnee.«

WÄHREND IN MEINEM HEIMATDORF in Kärnten, wenn sich beim Zügenläuten die schwarze Schlange des Leichenzugs am Waldrand und an den wie verkehrte Federstiele, von denen schwarze Tinte rinnt, stehenden Fichten und Tannen vorbei zum Friedhof hin bewegt, Ruhe herrscht, die Maschinen abgestellt werden, die Kinder vom Spielplatz verschwinden, man nichts mehr hört als das Vorbeten des vor dem Sarg gehenden Priesters und der Ministranten und das Gebetsgemurmel der Trauer- und Freudengäste im Leichenzug und sich der Kopf des Toten vom rhythmischen Gang der Sargträger das allerletzte Mal bewegt, bevor der Verstorbene in der Erde zur ewigen Ruhe gebettet wird und sich unter der Erde, im verschlossenen, warmen Sarg, nur mehr die kleinen Blüten an den obersten Spitzen der rosaroten, bündelweise auf dem Toten liegenden Gladiolen öffnen, höchstens ein Pfau oder ein Hahn die dörfliche Stille zerreißt, das Leben also vom Tod getrennt wird, vermischen sich Leben und Tod beim hinduistischen Bestattungsritual in Varanasi am Einäscherungsplatz des Harishchandra Ghats. Kinder laufen mit ihren sich höher und höher ziehenden seidenen Papierdrachen zwischen den brennenden Scheiterhaufen, ein Frisör schneidet dem ältesten Sohn eines Verstorbenen, der den Scheiterhaufen anzünden soll, eine Glatze – nur an der Fontanelle bleibt ein kleines, dünnes Zöpfchen übrig –, den vor einer Feuerstelle stehenden Kühen hängen die orangefarbenen Marygoldgirlanden lange aus dem Maul, bis sie verschlungen sind, Hunde lecken die Reste des Butterschmalzes von den Blättertellern, des sogenannten

»Ghee«, das beim Einäscherungsritual verwendet und mit dem die Verstorbenen, bevor sie in ein weißes Baumwolltuch eingewickelt, gesalbt werden. Die Prozession des Lebens, heißt es bei Diana L. Eck, beinhaltet die Prozession des Todes. In Varanasi wird der Tod weder geleugnet noch gefürchtet, sondern als lang erwarteter Gast willkommen geheißen.

Abends, wenn es bereits finster ist und immer noch, bis weit in die Nacht hinein, die Toten eingeäschert werden, hört man zur immerselben Stunde ringsum von den Tempeln, wenn die heiligen Rituale beginnen und die Götter aufgeweckt werden sollen, das Geläute der Glocken. Nicht selten, besonders abends, meistens gegen sieben Uhr, stand ich in Angst, manchmal auch in Todesangst am Ufer der Ganga und erinnerte mich an die Glocken meines Heimatdorfes, vor allem an das abendliche Betläuten und an das Zügenläuten mit der kleinsten Glocke, wenn im Dorf kundgetan werden soll, daß jemand gestorben ist, man bei der Stallarbeit den Kopf hob und horchte, froh war, selber noch am Leben zu sein, oder wir dem davonrollenden, von der Kaugummifirma »Bazooka« gespendeten roten Lederball – wir hatten hundert Kaugummipapiere an die Firma geschickt – nicht mehr nachliefen und uns fragten, wer denn wohl gestorben sein könnte, wer todkrank oder wer der Älteste ist und wer denn nun, wie es in der Partezettelsprache heißt, allzu früh von uns gegangen ist. Vielleicht ist aber auch ein Unglück passiert, oder es hat sich wieder ein junger Mensch aufgehängt in einem Heustadel, am Trambaum, mit dem wir noch vor ein paar Tagen dem Bazookalederball nachgelaufen sind, uns gegenseitig austricksend oder ein Bein stellend mit unseren angeschlagenen Schienbeinen und krustigen, grasgrünen Kniescheiben.

Der Mesner, der dann zur Kirche eilte und in der Sakristei am Glockenstrick zu ziehen begann, war immer einer der ersten, der erfuhr, wer verstorben war, und neben dem Pfarrer wußte er auch als erster, daß der Naschenweng Siegfried, der einzige Sohn der Maurerfamilie, während eines Friedenseinsatzes als Soldat bei einem Verkehrsunfall auf den Golanhöhen verunglückt war und sein Leichnam aus dem Nahen Osten überführt, nach Wien eingeflogen, vom Leichenbestatter Stimniker mit dem schwarzen Mercedes in Wien-Schwechat in Begleitung der schwarzgekleideten, bei der Fahrt einen Trauerschleier tragenden Mutter abgeholt und in Kamering zu Grabe getragen wurde. Nach dem Tod ihres Sohnes brachte ich der unglücklichen Mutter, die mir immer wieder den Beileidsbrief des österreichischen Verteidigungsministers vorlas, keine Kirchenblätter mehr, sie hatte kein Interesse mehr an den wöchentlichen Kirchenboten, sie folgte ihrem Sohn sehr bald nach, wenn auch ihr Weg nicht so weit und ihr Sarg mit den sterblichen Überresten nicht in ein Flugzeug verfrachtet werden mußte, ihr letzter Erdenweg war nur ein paar hundert Meter und zehn Minuten lang. Ewig werden mir ihre in einer Glasschale liegenden gelben Kunststoffbananen in Erinnerung bleiben, die sie auf dem Küchentisch stehen hatte, wenn ich mich, den Stoß Kirchenblätter in der Hand, zu ihr setzte und mich mit ihr unterhielt, an den weichen gelben Kunststoffbananen herumdrückte und auf die Straße hinaus und auf die weit hinter den Feldern vorbeifließende Drau hinunterschaute. Wir konnten uns damals noch keine Bananen kaufen, aber sie hatte jeden Tag ihre Bananen auf dem

Tisch liegen, sie waren immer frisch und behielten auch ihre Farbe. Ich erinnere mich noch, als ihr auf den Golanhöhen verunglückter Sohn zu Grabe getragen wurde, hatte ich meinen Ministrantenmantel längst abgelegt und ging nur mehr selten in die Kirche, weshalb ich von meinem Vater bedrängt wurde mit seinen inzwischen aber schon kraft- und sinnlos gewordenen Worten: »Paß nur auf, wenn du keinen Halt mehr hast! Verlier den Herrgott nur aus den Augen, dann wirst du schon sehen, was mit dir passiert! Der Mensch braucht einen Halt!« Als der Tote vom Haus ausgesegnet wurde und sich der Leichenzug Richtung Friedhof in Bewegung setzte, da stand ich, den Vorhang mit der rechten Hand zerknüllend, im großelterlichen Schlafzimmer, aus dem die Großeltern längst herausgestorben waren, in das ich mich mitsamt meinem Bücherregal einquartiert hatte, am Fenster und wartete, bis der Knecht Poldl mit einem an einer langen silbernen Stange angebrachten Kruzifix als Anführer des Leichenzuges auftauchte, gefolgt von dem vor dem Sarg gehenden schwarzgekleideten Priester Franz Reinthaler und von den ebenfalls Trauerkleider tragenden Ministranten. Kaum sah ich die Träger mit dem im Sarg liegenden, vom Verkehrsunfall auf den Golanhöhen verstümmelten Körper vom Naschenweng Siegfried und seine schwarzgekleidete, tief trauernde und einen schwarzen Trauerschleier tragende, dem Sarg ihres Sohnes folgende, gebrochene Mutter, versteckte ich mich hinter dem geblümten Vorhang, trat einen Schritt zurück und lugte nur mehr im Schutz des Vorhangs aus dem Fenster, denn ich hatte das Gefühl, als ob alle im strengen Rhythmus des Leichenzuges über den Hügel des kreuzförmig gebauten Dorfes gehenden Trauergäste auf ein bestimmtes Fenster meines Elternhauses schauen, niemand anderen als mich vermissen und suchen würden.

Dann und wann erlöste mich in Varanasi der nepalesische Priesterjunge von meinen abendlichen Ängsten, wenn wir gemeinsam an den Stufen des Assi Ghats unter den auf langen Bambusstangen aufgehängten, in geflochtenen Körben brennenden Himmelslampen saßen, die nach hinduistischem Glauben den Weg der wandernden Toten erhellen sollen, und er mir, der ich zwar nichts verstand, aber den Klang der Worte hören wollte, Gebete auf Sanskrit rezitierte, eine halbe Stunde lang und länger – er war Sanskritschüler in Varanasi –, wir dabei ununterbrochen auf die auf der dunkel gewordenen, dünnen, welligen Haut der Ganga flussabwärts in endloser Folge dahinziehenden brennenden Öllämpchen schauten, manchmal den Kopf hoben und die weit entfernten, unruhig flackernden Feuer vom großen Einäscherungsplatz des Manikarnika Ghats wahrnahmen, auf dem bis weit in die Nacht hinein oft zehn, fünfzehn Scheiterhaufen gleichzeitig brannten. In aller Welt bin ich um sieben Uhr abends gefährdet. Ich verfalle in Melancholie und in Angst, wenn ich alleine bin, nicht abgelenkt werde von meiner um diese Zeit immer unruhiger werdenden Seele, nicht unter Menschen verweile oder im Kino sitze, manchmal bekomme ich auch Todesangst, ja, ich bekomme sie, sie wird mir gegeben, und ich darf sie als Geschenk annehmen, ob ich sie will oder nicht, die Angst, die gar nichts mit Tod und Sterben zu tun haben muß. Ich höre das Zügenläuten meines Heimatdorfes, immer wieder und überall, um sieben Uhr abends, in Berlin, in Rom, in Tokio, in Indien, in Klagenfurt. Oft bin ich in Varanasi um diese Zeit, wenn ich vom

Ufer der Ganga die Glocken von den Schreinen bis ins Hotelzimmer hinein hörte, zur Tür hinausgegangen, habe eine Fahrradriksha bestiegen und mich dem Lärm der Straßen ausgesetzt, um keine Glocken zu hören, oder ich bin, mich dem Geläute der Glocken aussetzend und mit dem Teufel des Klöppels ringend, durchs Assi Ghat gegangen, zu einem anderen Stadtteil, an den Slums vorbei, wo sich auf den Abfallhaufen Schweine und kleine nackte Kinder tummelten, zu einem Schrein ganz in der Nähe des Durga-Tempels, und habe bei den Ritualen zugeschaut und gesehen, wie die Gläubigen, Gebete murmelnd, die Glocken geschlagen haben, während ich in mir, in mich hineinkriechend, mein Herz zerbrochen, zertrümmert und zerfetzt habe, immer und immer wieder.

Bei einem Ausflug in den zehn Kilometer weit von Varanasi entfernten Wallfahrtsort Sarnath, wo Buddha seine erste Predigt gehalten haben soll, hatte die dreijährige Siri Blattgold von der Stupa gekratzt, so daß die Finger des Kindes voller Blattgoldflitter und Blattgoldmus waren, Blattgold, das Pilger zur Verehrung Buddhas auf die Mauer der Stupa, in der die Reliquien von Buddha aufbewahrt werden, geklebt hatten. Der zehnjährige Kasimir hatte geschickt ein ganzes, fast unversehrt gebliebenes Blatt von der Stupa gehoben, das er schnell, links und rechts schauend, vor weinrotgekleideten buddhistischen Kindermönchen versteckend, die den Diebstahl aber doch entdeckten und keck lachten, vorerst in mein rotes indisches Notizbuch zwischen zwei leere Seiten gelegt und am späten Nachmittag, nachdem wir mit einer Motorriksha nach Varanasi zum Hotel Ganges View ans Assi Ghat zurückgekehrt waren, in mein Notizbuch eingeklebt hatte zu den Sätzen von Peter Handke: »Vielleicht war der oder die von uns Buben oder Mädchen, der oder die damals dem Allerheiligsten in der Heimatkirche die Zunge herausstreckte ...« Am selben Abend, nachdem der nepalesische Priesterjunge am Hanumanschrein des Hotels Ganges View den allabendlichen hinduistischen Ritus und die Heiligenverehrung beendet hatte, gingen der Sanskritschüler und ich das Ufer der Ganga entlang Richtung Assi Road, als uns ein Leichenzug entgegenkam. Ein orangegekleideter toter, mit Stricken an Hals und Brust festgebundener Sadhu, dessen eingefallenes, unrasiertes Gesicht mich sofort an meinen inzwischen verstorbenen Vater erinnerte, als er, der damals fast Neunzigjährige, völlig erschöpft, mit dem Antlitz eines Toten, von Holzarbeiten aus dem Wald zur Haustür hereingekommen war, wurde auf einer orangefarbenen Sänfte, aufgeschultert von vier Männern, die Straße hinunter Richtung Ganga getragen, gefolgt von sieben, acht alten, ebenfalls orangefarben gekleideten, gebrechlichen Mitbrüdern, einem ein Bündel brennender und stark qualmender Sandelholz-Räucherstäbchen haltenden Mann und umgeben von neckischen, dem mit offenem Mund in der Sänfte sitzenden toten Sadhu Zunge zeigenden Kindern. Am Flußufer wurde der tote Sadhu, der ein vergipstes Bein hatte, von der Sänfte auf ein Ruderboot gehoben. Als der Körper des Toten auf dem Bug des Bootes noch zurechtgerückt wurde, da sein Kopf zu tief über den Bootsrand hinunterhing, verrutschten die Augenlider, und er öffnete tatsächlich noch einmal seine Augen und schaute mit leerem und, wie ich es in diesem Moment verstand, väterlichem Blick das allererste und allerletzte Mal in den Sternenhimmel hinauf, denn es war nun sein Himmel und kein anderer. Befestigt an einer schweren Steinplatte, wurde der tote Sadhu in die Flußmitte hinausgerudert – im Halbdunkeln sah ich noch die schwankenden Füße, die im Wasser schleifenden Zehen – und in der Ganga versenkt, während der nepalesische Priesterjunge eifrig seine Sanskritgebete sprach. Die Männer, die den Toten berührt hatten, wuschen sich die Hände, wuschen auch die unrein gewordene orangefarbene Sänfte, die der Körper des Toten berührt hatte, warfen die Bastmatte, auf der der Tote auf der Sänfte gesessen hatte, in den Fluß, spülten ihren Mund mit dem heiligen Wasser der Ganga, und während sie sich ihre Köpfe mit dem Wasser beträufelten und auf Hindi Gebete sprachen, fielen ein paar für ihre Häupter verlorene Wassertropfen auf mein aufgeschlagenes rotes indisches Notizbuch, in das Kasimir das Blattgold von Sarnath eingeklebt hatte zu den Sätzen von Peter Handke: »Vielleicht war der oder die von uns Buben oder Mädchen, der oder die damals dem Allerheiligsten in der Heimatkirche die Zunge herausstreckte und mit dem oder der der schreiende Pfarrer dann im Religionsunterricht alle Kinder auf Erden verfluchte – vielleicht war das ich?«

Aber wie habe ich damals, um noch einmal und zum Schluß zu meinem Heimatdorf in Kärnten zurückzukehren, die alte Frau verehrt, die mir fast jedesmal, wenn ich ihr als Kind das wöchentliche Kirchenblatt brachte, »Die Glocke« von Friedrich Schiller auswendig aufsagen konnte. Jeden Samstag, wenn ich im Dorf mit einem Stoß Kirchenblätter in der Hand – souverän und würdig über den Arm hatte ich sie gelegt, denn im katholischen Wochenblatt waren viele Gekreuzigte und immer wieder die Madonna mit dem Kind abgebildet – von Haus zu Haus ging, beim Naschenweng, als ihr Sohn noch lebte und bei der Friedensmission als Soldat auf den Golanhöhen Tag- und Nachtwache stand, die gelben Kunststoffbananen anstarrte und wieder und wieder abtastete in der kargen, immer sauberen Küche und schließlich meinen Botengang mit den Kirchenblättern fortsetzte und zur Maureroma kam, die mich mit ihrem selbstgemachten Ribiselsaft bewirtete, mit Vanillekipferln und mit dem knusprigen Bischofsbrot, das ganze Jahr über, jeden Samstag, denn für sie gab es keine Lebkuchenzeit. Während ich in einen Lebkuchenstern, vielleicht auch in eine Kokosmakrone hineinbiß und am roten Ribiselsaft schlürfte, schaute ich sie groß und bewundernd an, denn sie begann wieder mit dem Lied von der Glocke von Friedrich Schiller: »Fest gemauert in der Erden / Steht die Form, aus Lehm gebrannt. / Heute muß die Glocke werden. / Frisch Gesellen, seid zur Hand.« Und als dann auch für sie der Segen von oben kam und für sie das allerletzte Mal die kleinste Turmglocke im Dorf läutete, stand ich mit dem Pfarrer Franz Reinthaler als schwarzgekleideter Ministrant, als ihr Trauergast und kleiner Witwer mit dem Scheitel im brünetten Haar und mit den Vanillekipferlresten im Mundwinkel vor ihrem offen Sarg, tauchte den großen Weihwasserpinsel mit den zusammenklebenden silbernen Borsten in den kupfernen, eingebeulten Wasserkessel und spritzte ihr das Weihwasser ins Gesicht, auf ihr Totenantlitz, als wollte ich sie noch einmal aufschrecken, damit sie sich im Sarg erhöbe, das schlohweiße Haar auf ihrem Hinterkopf verknotete und fortführe: »Von der Stirne heiß / Rinnen muß der Schweiß, / Soll das Werk den Meister loben, / Doch der Segen kommt von oben.«

Vielleicht war es auch im selben Jahr, als ich eines Abends, an einem Wintertag, als es draußen schneite, nur mehr mit dem Vater alleine in der Küche war, die anderen Familienmitglieder bereits schlafen gegangen waren und der Knecht auch schon seine Bude aufgesucht, mehrere Zigarettenstummel im Aschenbecher hinterlassen hatte und das kleine klumpige Gläschen mit dem aufgeklebten Enzian immer noch nach selbstgebranntem Schnaps roch, am Tisch saß und in »Winnetou III« bei der Todespassage angelangt war, während der Vater auf dem noch warmen Sparherd hockte und die Zeitungsflügel des »Kärntner Bauern« ausgebreitet hielt. Als Winnetou in Vorahnung seines kommenden Todes die Glocken von Santa Fé hörte, da hatte es mir längst das Herz zusammengeschnürt.

»Neben diesem Kapellchen bemerkten wir mehrere Personen, welche uns aber nicht zu sehen schienen. Sie blickten gegen Westen, wo der Sonnenball sich immer tiefer senkte, und als er das Wasser des Flüßchens, welches er mit den herrlichsten Tinten färbte, erreicht zu haben schien, erklang von oben herab der silberne Ton eines Glöckchens.
Hier, mitten im wilden Westen, im tiefen Urwalde das Bild des Gekreuzigten! Mitten zwischen den Kriegspfaden der Indianer eine Kapelle! Ich nahm den Hut herunter und betete, wurde aber von dem Indianer unterbrochen.
›Ti ti – was ist das?‹ fragte Winnetou.
›Ein Settlement (Niederlassung) natürlich‹, antwortete Walker sehr weise.
›Uff! Winnetou sieht die Niederlassung; aber welcher Klang ist das?‹
›Das ist die Vesperglocke. Sie läutet das Ave Maria.‹
›Uff!‹ meinte der Apache erstaunt. ›Was ist Vesperglocke? Was ist Ave Maria?‹«

Und als es schließlich zum tödlichen Schuß und zum Sterben kam, weinte ich vor meinem ein paar Meter entfernt von mir auf dem kupfernen Wasserkessel des Sparherds sitzenden, sich in die Bauernzeitung vertiefenden und nichtsahnenden Vater so bitterlich, daß sich auf dem Fußboden der Küche eine kleine Lache mit schmutzverschmierten Tränen bildete, als der sterbende Winnetou die Hand von Old Shatterhand an seine blutende Brust zog, die Finger seines Blutsbruders in die tödliche Wunde steckte und flüsterte: »Schar-lih, nicht wahr, nun kommen die Worte vom Sterben?«

Jener unfaßbare Glanz des Himmels
ist der des Todes.
Mein Kopf dreht sich im Himmel.
Und nie dreht der Kopf sich herrlicher
als im Tod.

Georges Bataille

MUTTER UND DER BLEISTIFT

DA FLOG DAS WORT AUF

»Wenn wir nur das Reich Gottes suchen, soll uns
alles andere nachgeworfen werden.
Das trifft am Kopf und in den Rücken.«

Ilse Aichinger

»In der Kindheit hat es auch schon Spiegel gegeben, aber in größerer Entfernung. Allmählich kommen wir uns immer näher, es bleibt nur wenig Raum mehr um uns, bis wir uns ganz nahe sind. Der nächste Schritt heißt: den Spiegel mit der Faust zertrümmern, bluten, sich zerschneiden. Oder wir bleiben stehen.« Beim Lesen dieser Sätze von Ilse Aichinger in dem als »Aufzeichnungen« betitelten Teil ihres Buches »Kleist, Moos, Fasane«, das ich vergangenen Sommer nach Indien mit- und in Ellora, in den buddhistischen, aus dem Stein herausgeschlagenen monolithischen Felstempeln in den Ruhepausen unserer sechsstündigen Wanderung durch diese heiligen Höhlen immer wieder zur Hand nahm, fiel mir – *»da flog das Wort auf!«* – die Madonna sulla seggiola von Raffael über den Betten meiner Eltern ein, die man an der gegenüberliegenden Wand im Spiegel mit dem breiten Rahmen wiedersehen konnte, der Rahmen, wie die Kästen und Betten dieses Zimmers, war aus dem Holz des großen Nußbaums vor dem Elternhaus meiner Mutter, der einst unweit vom Gravensteinerapfelbaum stand, unter dessen Ästen wir als Kinder mit dem Fußball im Kreis liefen, bis uns schwindlig wurde, oder auf Zehenspitzen stehend nach den wachsgelben, mit karmesinroten Tupfen und Strichen gefärbten Gravensteineräpfeln griffen, wobei wir manchmal auf das faulende, am Boden liegende Fallobst und auf die uns beängstigenden, auf dem Dachboden aus der papierartigen Masse grauer Ballons geschlüpften gelbbraunen Wespen traten und sie im mürben, saftigen Fruchtfleisch des Gravensteinerapfels begruben. Unter diesem alten Spiegel, dem ersten Spiegel, den ich überhaupt wahrgenommen habe – ja, das Spie-

gelbild wahr-nehmen –, in dem man verzerrt die Madonna sulla seggiola von Raffael mit ihrem gütigen und stolzen Gesicht und den dicklichen, unter ihrem grünen Schultertuch verstohlen nach den Brüsten seiner Mutter greifenden, auf ihrem Schoß sitzenden Jesuknaben sehen konnte, den betenden Engel im Hintergrund, der mit seinem besorgten, traurigen Blick schon das Einschlagen der Kreuzigungsnägel hört, stand in einem Stehrahmen das schwarzweiße, leicht unscharfe, traurige Brustbild meiner Großmutter mütterlicherseits, die im Alter von 60 Jahren an gebrochenem Herzen gestorben war, wenige Stunden nachdem sie neuerlich eine Herzspritze, wie es genannt wurde, vom Hausarzt vom anderen Ufer der Drau bekommen hatte, die Großmutter, die im Zweiten Weltkrieg in einem einzigen Jahr drei Söhne in jugendlichem Alter verloren hatte, die Brüder meiner Mutter, die 18, 20 und 22 Jahre waren bei ihrem Tod auf den Schlachtfeldern. *»Wie soll ich denn die Trauer nicht halten wollen, wenn ich mich in nichts anderem mehr finden kann als in ihr?«* schreibt Ilse Aichinger. Und: *»Was heißt das: Tod?«* schreibt Ilse Aichinger. *»Im November blühen noch Schneebälle. Wie weit ist es da hinunter? Bitte würden Sie mir sagen, wie spät es ist, wenn es zehn schlägt? Ich kann die Uhr nicht lesen.«* Als mein Großvater Johann Winkler, vulgo Aichholzer, vor dem Gartenzaun, unweit vom Nußbaum, der später gefällt wurde, und unweit vom Gravensteinerapfelbaum, der nie gefällt wurde, von der Postbeamtin, denn männliche Postbeamten gab es keine mehr, einen Brief bekam, in dem mit dem aufrichtigsten Kriegsbeileid bekanntgegeben wurde, daß nun auch sein dritter Sohn Adam nicht nur in Gottes Namen, sondern auch für den Führer und fürs heilige Vaterland, versehen mit den heiligen Sterbesakramenten des Kriegspfarrers, gestorben war, begann mein Großvater am ganzen Körper zu zittern, brach mit dem Brief in der Hand in die Knie und stammelte ein Gebet, das später meine Mutter in der Haushaltsschule auf ein Stück Leinen sticken mußte: »Seele, geh nach Golgatha, / Nahe dich zu Jesu Kreuze / Und bedenke, was dich da / Für ein Trieb zur Buße reize! / Nur ein hartes Herz wie Stein / Kann hier unempfindlich sein. / Schaue doch das Jammerbild / Zwischen Erd und Himmel hangen, / Wie das Blut in Strömen quillt, / Daß ihm alle Kraft vergangen! Ach der übergroßen Not: Jesus sinket in den Tod!« Tags darauf kam die Tochter meines Großvaters, die achtzehnjährige Maria Winkler, meine spätere Mutter, mit dem Omnibus von der Haushaltsschule, der sogenannten »Landfrauenschule Buchholz«, nach Kamering in ihr Elternhaus und traf an der Stelle, wo mein Großvater mit der Todesnachricht in der Hand in die Knie gegangen war, ihre kleinwüchsige, immer giftige Großmutter an, die ihr die Nachricht vom bereits dritten gefallenen Bruder überbrachte und zu ihr wörtlich sagte: »Mitzele! Der Adam kommt auch heim, aber anders!« Irgendwo in Jugoslawien, ich weiß nicht mehr genau wo, ich habe es verabsäumt, meine in diesem Jahr, einige Monate vor unserer Abreise nach Indien, für die ich im Reisegepäck zwei Bücher von Ilse Aichinger hatte, »Schlechte Wörter« und »Kleist, Moos, Fasane«, im Alter von 86 Jahren verstorbene Mutter zu fragen, wo ihr Bruder, der Adam, genau gefallen ist in Jugoslawien, ja, vom Wort *gefallen* war immer die Rede, er ist nicht erschossen oder getötet worden, er ist gefallen, und er war ein Held, hat es immer geheißen, und es war ein Heldentod, hat es immer geheißen, und ich weiß nur mehr, daß er, wie auch öfter erzählt wurde, wenn vom Adam die Rede war, besonders in den Trauertagen meiner Kindheit, zu Allerheiligen und Allerseelen, aber auch zu Weihnachten, wenn wir vor dem aufgeputzten Christbaum standen, wenn man wieder tränenreich in himmelschreienden Gebeten den Tod der drei jungen Männer beklagte – Und jetzt noch für den gefallenen Adam, für den Stefan und für den Hansl ein Vaterunser! sagte der Vater Jahr für Jahr unter dem beleuchteten, mit Süßigkeiten, mit Engelshaar, Lametta und mit Sternspritzern behängten Christbaum –, wenn man also von ihm sprach, daß er, der Adam, *übereifrig* war, und auch in seiner Todesminute soll er übereifrig gewesen sein und als erster mit einem Maschinengewehr in der Hand – so schilderten es seine überlebenden Kameraden – auf der Suche nach dem Feind eine Tür aufgetreten haben und in einen Keller eingedrungen – und durch eine hochgehende Mine in mehrere Stücke zerrissen worden sein. Jedenfalls mußten seine Kameraden die Hände, die Füße und den Kopf des Gefallenen im rauchenden und nach Schießpulver riechenden Keller zusammenklauben, das Wort *zusammenklauben* war auch mehrmals in meiner Kindheit gefallen, wenn vom Adam die Rede war, ihn, also seine Körperteile, zusammenklauben und in einen Jutesack stekken, den blutüberströmten Torso aus dem Keller ziehen, ehe er eingesargt, die Arme zu den Schultern, das Bein zum Unterkörper und der Kopf zum aufgerissenen Hals gelegt werden mußten und ihm der Kriegspfarrer noch das Kreuz an Stirn und Lippen drückte, das schon voll war vom eingetrockneten Speichel der Gefallenen, vieler Gefallener, denn wann und wo hätte er das Kreuz im Schützengraben desinfizieren sollen, ehe der Sarg zugenagelt, weggetragen und am nächsten Bahnhof verfrachtet werden konnte, was für ein Wort *verfrachtet*. Die Fracht seiner sterblichen Überreste – das hat mich tief beeindruckt als Ministrant, wenn der Pfarrer Franz Reinthaler von den *sterblichen Überresten* sprach, das empfand ich als vornehm und würdig, und trotzdem steckt das Wort *Überreste* in dieser alles erdrückenden Ausdrucksweise – wurde mit einem Zug von Jugoslawien nach Villach gebracht, wo der ältere Bruder des Verstorbenen, mein anderer Onkel, mit einem Heuleiterwagen, an dem zwei braune Haflingerpferde mit langer weißbrauner Mähne angespannt waren, ein Leichenwagen mit eisenbeschlagenen, im Sand knirschenden Holzrädern, am Bahnhof wartete und den Sarg über den Feldweg in sein zwanzig Kilometer weit entferntes, kreuzförmig gebautes Heimatdorf Kamering brachte, das später auch zu meinem Heimatdorf wurde, einen halben Tag lang war er unterwegs, am Waldrand, auf Wiesen und in der Flur. »O Lamm Gottes ohne Schuld, / Alles das hab ich verschuldet, / Und du hast aus großer Huld / Pein und Tod für mich erduldet! / Daß ich nicht verloren bin, Gibst du dich am Kreuze hin.« Mit einem aufgeschlagenen schwarzen Gebetsbuch in der Hand soll mein Großvater Johann Winkler, vulgo Aichholzer, im Garten unter dem blühenden Gravensteinerapfelbaum auf die Ankunft des Leichnams seines Sohnes gewartet haben, stundenlang soll er gewartet haben, ganz alleine im großen Garten, und keiner wagte es, sich ihm zu nähern. *»Die Hölle himmelt mich ein«*, heißt es bei Ilse Aichinger, und: *»Vater, ich habe Trost gesucht vor dem Himmel und vor Dir«*, heißt es ebenfalls bei Ilse Aichinger. Meine Großmutter, die, wie meine Mutter, Maria Winkler hieß, kniete in der kühlen Dorfkirche mit dem Namen »Maria in Dornach« – jemand hatte vor Zeiten die heilige Mutter Gottes nicht auf dem Sessel, sondern in einem Dornenbusch gesehen, deshalb wurde die Kirche *Maria in Dornach* getauft – zwei Stunden betend vor dem Altar und konnte sich danach kaum noch erheben von diesem höllischen Knien, bei dem sie sich auch noch, aus ihrer Kindheit, an das Knien auf der Kante eines Brennholzscheites erinnerte, sie mußte nach der Ankunft des Heuleiterwagens, auf dem nicht das frisch mit der Sense geschnittene Gras und auch nicht das von den Kinderbeinen, von den Beinen eines Knechts oder von den Beinen einer Magd niedergetretene duftende Heu lag, sondern der Sarg mit dem zerfetzten Leichnam ihres zwanzigjährigen Sohnes Adam – sie hörte in der sperrangelweit geöffneten Kirche die Hufe der vorbeilaufenden Pferde –, von zwei faltigen, schwarzgekleideten Klageweibern aus der Kirche Maria in Dornach und dem Friedhof, der ihr zum Kriegshof mit tausend übergroßen Maulwurfsaugen wurde, wo vom zahnlosen Totengräber das Erdloch schon ausgehoben worden war, in dem sich so manch halbierter, in der Erdwand steckengebliebener Regenwurm krümmte, über den senkrechten Balken des kreuzförmig gebauten Dorfes geführt werden, fünf-, sechsmal, erzählten die Klageweiber, soll sie in die Knie gegangen sein auf der damals noch unasphaltierten, steinigen Dorfstraße von Kamering. »Unbeflecktes Gotteslamm, / Ich verehre deine Liebe, / Schaue von des Kreuzes Stamm, / Wie ich mich um dich betrübe! / Dein für mich verblutend Herz / Setzt mich in den tiefsten Schmerz.« Als dann die Pferde mit dem Heuleiterwagen beim Aichholzer angekommen waren, erhob sich mein Großvater vom Stuhl unter dem blühenden Gravensteinerapfelbaum, schlurfte langsam durch das tiefe Gras des Gartens, vorbei an der Holzhütte, auf den breiten Hof zu, wo zwischen dem Bauernhaus und dem Stall mit dem darübergesetzten Heustadel der Heuleiterwagen, der zu einem Totenwagen umgekrempelt worden war, zum Stillstand gekommen war, einmal, zweimal knarrten die Räder ganz leise nach, dann war Stille, dann kam die Totenstille. Von der anderen Seite kam in der engelhaften und ebenso teuflischen Begleitung der beiden Klageweiber meine gebrochene Großmutter, die damals noch keine fünfzig Jahre alt war. *Nichts erscheint so sehr Heimat als das, wovon man Abschied nimmt*, schreibt Ilse Aichinger. *Es scheint, daß der Abschied zuerst war. Auch Mütter werden zu Müttern im Augenblick der Trennung.* Vor dem Heuleiterwagen, auf dem der mit Fichtenzweigen bedeckte Sarg ihres Sohnes stand, und vor den beiden erschöpften Pferden, die weißgrünen Schaum vor dem Maul hatten, an ihren Kaubügeln nagten mit ihren langen gelben Zähnen, ständig wegen der sie plagenden, blutsaugenden Bremsen, die sie aus den Auen mitgebracht hatten, ihre Köpfe schüttelten, mit den Beinen zuckten und laut schnauften, fielen meine Großmutter und mein Großvater einander in die Arme – Seele, geh nach Golgatha! –, während der ältere Bruder des Gefallenen, der einen halben Tag lang mit dem Leichnam durchs Tal gefahren war, zuerst die Köpfe der unruhigen, verschwitzten Pferde streichelte, das Pferdegeschirr, das Kummet, einen steif gepolsterten, mit Stroh gefüllten Ring aus Leder, der mit roten Rosenblüten verziert war aus dem Garten seines Elternhauses, den Tieren vom Hals hob und der Knecht heranlief, um mit einer Krähenfeder den selbstgebrauten, die Bremsen verscheuchenden, stinkenden Knochensud auf den Bauch und um die feuchten Augen der unruhigen, erschöpften Pferde zu schmieren, bis sie rundum schwarz

waren, die Augenlider. *»Jahresanfang: aus den Wurzelgru-*
ben der umgestürzten Eichen erheben sich die Erwachen-
den, die Engel, und verlassen die Gärten«, schreibt Ilse
Aichinger in ihrem Buch »Kleist, Moos, Fasane«. *»Und*
übersteigen die Zäune mit geschlossenen Flügeln, an denen
noch welkes Laub vom Vorjahr haftet – und Pfauenfedern.
Und gehen Hand in Hand die Wege und nehmen die Erin-
nerung wie Schnee, der die Gruben füllt.« Meine Mutter,
ihre ältere Schwester und ihre beiden noch kleineren Geschwister – zwei Mädchen – standen, wie soll ich sagen:
gelähmt, verloren, hilflos, brauchten sie überhaupt Hilfe?, auf den Betonstufen des Hauseinganges, der ebenfalls
breit war; alles war breit und groß auf diesem Bauernhof,
der Garten, der Raum zwischen Haus und Stall, selbst der
Flur des Hauses war der allerbreiteste Flur aller Häuser
im Dorf, übergroß war auch der Dachboden, wo schließlich die letzten Fetzen der drei Gefallenen gelandet sind.
Einen Tag lang wurde der schon stark nach Verwesung
riechende Leichnam des Soldaten im breiten Flur seines
Elternhauses aufgebahrt. *»Versuchen, in diesen tödlichen*
Augenblicken zu Hause zu sein.« Auf dem geschlossenen
Sarg, der nicht mehr geöffnet wurde, denn man wollte
ihren Sohn, wie es hieß, so in Erinnerung behalten, wie
er fortgegangen war, und kein anderes Bild des Schmer-
zes und des Schreckens sollte, auch nicht spiegelverkehrt,
über das Bild der Erinnerung gelegt werden, lagen über
einem aufgenagelten Kruzifix die schlichten, knorrigen
und schönen Äste mit den weißen Blüten und den weißro-
sa Blütenknospen des Gravensteinerapfelbaumes aus dem
großväterlichen Garten, der auch ein großmütterlicher
war. »Ach, was kann ich tun für dich? / Ich will dir mein
Herz ergeben. / Herr, laß mich beständiglich / Unter dei-

nem Kreuze leben! / Wie du mein, so will ich dein / Lebend, leidend, sterbend sein.« Der Leichenzug war kurz, die jungen Männer waren im Krieg, es war das Jahr 1942, alte Leute, Frauen und Kinder gingen hinter dem Sarg her, der von zwei Frauen und zwei Männern aufgeschultert wurde. Der aus Deutschland stammende Pfarrer Kais, den es für eine Zeitlang nach Kärnten verschlagen hatte, ein gern in den Häusern des Dorfes gesehener, Hochdeutsch sprechender Kauz, der nach dem Krieg Europa satt hatte und für immer nach Kanada ging – auf einem Foto in meinem Erinnerungsalbum sehe ich ihn lachend mit einem weißen, breitkrempigen Hut und schwarzem, priestertauglichem Anzug in einem kanadischen Dorf vor der Haustür stehen, die Türklinke drückend –, dieser Pfarrer Kais zelebrierte zwischen zwei kleinen Ministranten, die eine schwarze, schwere Leinenkutte und ein weißes Spitzenhemd trugen, sprach die tröstenden und ebenso trostlosen Worte und hielt die Totenmesse für den gefallenen Soldaten. »*Keinen Trost mehr zu erwarten, ist der Ursprung der Fröhlichkeit. Verzweiflung erwartet immer noch Trost, sie schielt, ist wie ein Kind, das beim Einschauen durch die Finger sieht, um zu erfahren, wo sich die anderen verstecken.*«

Nach dem gewaltsamen Tod der drei erwachsenen Söhne im Krieg – nur einer konnte sich in einem Sarg verstecken, die anderen wurden sarglos in der Erde verscharrt, denn es gab kein Bestattungsinstitut auf den Schlachtfeldern, und außerdem *sarglos*, was für ein Wort, also ohne Sarg soll das heißen, »*Formulierung ist Einverständnis*«, heißt es bei Ilse Aichinger –, nach dem Tod der drei Söhne also war die Familie vollkommen verstummt, mein Elternhaus mütterlicherseits war eines der stillsten Bauernhäuser im ganzen Kärntner Drautal geworden, niemand mehr sprach ein Wort, zwei Jahrzehnte lang nicht, man erzählte sich keine Geschichten mehr, es gab nichts mehr zu erzählen, denn auch diese meine Großmutter – ihr Bild steht unter dem eingerahmten Spiegel, in dem man verzerrt die Madonna sulla seggiola von Raffael sehen konnte, neben dem ebenfalls eingerahmten Gebet, das mein Großvater unter dem blühenden Apfelbaum gesprochen hatte und das meine zukünftige Mutter in der Haushaltsschule auf Leinen sticken mußte – hat nicht nur die drei erwachsenen Söhne im Krieg verloren, auch zwei Kleinkinder starben ihr unter den Händen weg, das eine unmittelbar nach der Geburt, das andere starb im Alter von zwei Jahren an Diphtherie, im ganzen waren es zehn Kinder, geblieben sind ihr fünf. Lauter und immer lauter hörte man den Atem meiner Großmutter und meines Großvaters, wenn sie über die breite, knarrende Holzstiege gingen und sich wieder einen halben Tag lang zurückzogen in ihr Schlaf- und Wohnzimmer, ihr Geburts- und Sterbezimmer. *»Jeder Atemzug so schwer wie das richtige Wort, so leicht zu erdrosseln.«* Der Tod, drei Tode, fünf Tode hat und haben ihre Sprache erdrosselt, zwei Söhne wurden auf einem Schlachtfeld in Rußland begraben, der dritte und letzte ist aus Jugoslawien heimgekommen, aber *anders*, wie meine Urgroßmutter meiner damals noch jugendlichen Mutter, einem halben Kind, um es so zu sagen, am Gartenzaun keck mitgeteilt hatte. Und als ich schon dreißig Jahre alt war, da sagte einmal meine Mutter zu mir: »Fahr mir ja nicht ins Titoland, da kommst du nicht mehr lebendig zurück!«, das war noch in den achtziger Jahren des vergangenen Jahrhunderts, so tief vergraben war der Tod in ihren Knochen und in ihrer Seele, heimelig

178

muß er geworden sein in ihnen und in ihr für ewig und immer, und fahr *mir* ja nicht, ja, mir … »*In der Erstarrung fällt Schreiben mit Atmen zusammen. Beide Möglichkeiten werden gleich schmal. D. h. das Schreiben schmilzt ein. Das Leben selbst wird zum Schreiben. Und ebenso schwierig. Jeder Atemzug muß für viele Stunden reichen.*« Mehrere Fotos aus dem Krieg wurden uns überliefert, auf einem sieht man zwischen zwei Bäumen ein dickes, auf dem Rücken liegendes, totes Pferd mit offenem Maul, weit auseinandergespreizten Beinen, beschlagenen Hufen und blutbespritztem Unterkörper – wie oft und wie lange habe ich es angestarrt als Kind, besonders den weißen Bauch des wohl 500 oder 600 Kilo schweren Pferdes. Auf einem anderen Foto liegt neben einem frischen Grab, an dem ein mit einer Blumengirlande behängtes Holzkreuz mit dem am waagrechten Balken eingeschnitzten Namen des Gefallenen steht, das Wrack eines kleinen Flugzeugs. Und auf dem dritten Foto – vorne, ganz groß, zwei eingebeulte Stahlhelme – suchen Soldaten zwischen den Flugzeugwrackteilen die verstreut im Feld herumliegenden Leichenteile ihrer vom Himmel geschossenen Kameraden. »*Die Hölle ist nur ein Versuch zu verbessern, der Himmel das Unangewandte.*«

Als dann der Krieg zu Ende war und auch mein Vater *heil*, wie er es nannte, nach Hause kam, der Krieg verloren war, wie er es ebenfalls nannte, aber die englischen Besatzer noch im Land waren, kratzte er noch am Abend seiner Ankunft mit seinen Fingernägeln die aus einem Fenster seines Elternhauses hängende lange Hakenkreuzfahne vom Foto. Er kratzte nicht nur die Hakenkreuzfahne vom Foto, sondern kratzte, wie er mir später einmal beim Durchschauen der Erinnerungsfotos gestand, auch am Nebenfenster das Foto mit seinem Fingernagel auf, damit die eine Stelle, wie er zu mir sagte, nicht auffiele, dreifach zerkratzt war das Foto, und am allermeisten zerkratzt war die Stelle mit der lang hinunterhängenden Hakenkreuzfahne. Es war das Fenster des Zimmers, in das wieder eine Zeit später, nachdem auch seine Großeltern herausgestorben waren, mein zukünftiger Vater mit meiner zukünftigen Mutter eingezogen war, über deren Betten, gezimmert aus dem Holz des Nußbaumes meines Großelterngartens mütterlicherseits, das große Heiligenbild mit der Madonna sulla seggiola von Raffael aufgehängt wurde, das man verzerrt im alten Spiegel mit dem breiten Rahmen sah, dessen Holz ebenfalls aus dem Nußbaum meines großväterlichen Gartens stammte. Dort wurde ich, wiederum einige Zeit später, gezeugt und geboren unter der Madonna sulla seggiola von Raffael mit Hilfe der Dorfhebamme, der dicken und sanftmütigen Frau Patterer, und mit Hilfe meiner Tante, der Ragatschnig Tresl, die mich als dreijähriges Kind über die knarrende Stiege meines bäuerlichen Elternhauses mütterlicherseits führte und mir in einem Aufbahrungszimmer das Totenantlitz meiner Großmutter mütterlicherseits zeigte, von der hier die halbe Zeit die Rede ist, und zu mir dreijährigem Kind sagte: »Schau, Sepp, schau!« Dort also – ich rede immer noch vom Zimmer, in dem über den Nußbaumbetten die Madonna sulla seggiola von Raffael hing, deren Gesicht sich im alten Spiegel mit dem breiten Holzrahmen, unter dem das Bild meiner Großmutter stand, zeigte. Dort also, einige Zeit davor, als meine zukünftige Mutter und mein zukünftiger Vater noch nicht zueinandergefunden hatten, waren die Großeltern meines Vaters einquartiert, die dann bald herausstarben, schön gesagt und ebenso häßlich gesagt, herausstarben, nicht hineinstarben, wie sollten sie auch, sie wurden ja hinaus- und weggetragen, friedhofwärts und himmel- und höllenwärts, alle glaubten sie an den Teufel, an welchen Gott hätten sie glauben sollen, im Krieg und nach dem Krieg, wie oft hat mein Vater zu mir als Kind gesagt und auch noch später: »Seppl! Vor dem Teufel brauchst du keine Angst zu haben, aber vor dem Teufel im Menschen!« *Wie macht ein Spiegelbild, daß es aus dem Spiegel kommt?* Sein Großvater, erzählte mir der Vater, habe ihm oft ein über und über mit Honig beschmiertes Butterbrot gegeben, von dem der Honig zwischen seine Kinderfinger rann. »Iß, Bua, iß!« soll der Großvater gerufen haben, wenn der rinnende, zähe, goldgelbe Honig schon seinen Kinderellenbogen erreicht hatte, der Großvater, den er über alles, wie er sagte, geliebt habe und über dessen Tod er als Kind bitterlich geweint habe, so erzählte es mir der Vater oft mit Tränen in den Augen – und manchmal auch über seine faltigen, ledernen Wangen herunterrinnenden, uralten Tränen, wenn er mir genau diese Geschichte wieder und wieder erzählte. 99 Jahre alt ist mein Vater geworden, geboren wurde er am 24. Dezember im Jahre 1905, am Morgen gratulierten wir ihm zum Geburtstag, wenn er stinkend vom Stall in die Küche kam, am Abend wünschten wir einander Frohe Weihnachten! mit dem in Weihnachtspapier eingepackten Flanellhemd in der Hand und der drauf oder drunter liegenden flanellenen langen Unterhose in der Hand. *Wer gibt mir das Recht zu sagen, daß Finsternis um mich ist, wenn ich traurig bin. Ich weiß nicht, was es ist. Keiner weiß es.* Der Leichnam seines geliebten Großvaters soll sich an einem Hochsommertag im Sarg von den Gasen so aufgebläht haben, daß seine Barthaare igelstachelartig vom Gesicht standen – keiner hatte den Toten rasiert –, im aufgeblähten Gesicht sollen die Augenlider verrutscht sein und die hervorquellenden, immer größer werdenden, glanzlosen Augen des von Minute zu Minute monströser werdenden Toten entblößt haben, aus dessen Mundwinkeln schon gelbe Flüssigkeit rann und vor dem man mit schaurig staunenden Kinderaugen nun auch schon die Angst haben konnte, daß er endgültig erwachen und nie mehr sterben, daß er aus seinem Sarg steigen, mit dem Sargoberteil, auf das das Kruzifix draufgenagelt ist, das Sargunterteil zerschlagen und mit den Kreuzigungsnägeln die Kiste malträtieren, die Bretter fallen lassen, langsam seinen Kopf verdrehen und sich nach den Kindern umschauen würde. Als man dann seinen geschlossenen Sarg vom Katafalk hob, rann die Leichenflüssigkeit bereits aus den Sargritzen und tropfte auf den Boden. Zwei Pferde zogen den Heuleiterwagen, auf dem, links und rechts vom Sarg, die Totenkränze lagen, die Dorfstraße zur Kirche und zum Friedhof hinunter. Den ganzen Weg hinunter, erzählte der Vater, habe der sich bereits verflüssigende Leichnam seine Spuren hinterlassen.

Die Hakenkreuzfahne hing also aus dem Zimmer, in das Jahre später mein Vater Jakob Winkler, vulgo Enz, mit meiner Mutter Maria Winkler, vulgo Aichholzer, die also nicht einmal den Familiennamen bei der Hochzeit wechseln mußte, eingezogen war mit den Möbeln, die der Dorfzimmermann aus dem Holz des Nußbaums gezimmert hatte, der unweit vom Gravensteinerapfelbaum im Garten meines Großvaters Johann Winkler stand, unter dessen blühenden Ästen der einst gesessen, gewartet, geweint und gebetet hatte – »Seele, geh nach Golgatha, geh! Und nahe dich zu Jesu Kreuz!« –, als er auf die Ankunft des

Heuleiterwagens aus Villach wartete, auf dem kein Gras und kein Heu, keine Türkenkolben und keine Erdäpfel, keine Krautköpfe und auch nicht die großen weißen Rettiche lagen, sondern der Sarg seines dritten gefallenen Sohnes stand, den die überlebenden Kameraden in Jugoslawien eingesargt, dessen einen abgerissenen Fuß sie in eine frisch gebügelte Kluft der Wehrmachtsuniform gesteckt, die beiden abgerissenen Arme ebenfalls, und dem sie den abgerissenen Kopf über die Schärpe des Rockes gelegt, und das Innere des Sarges hatten sie ausgestopft mit Feldblumen, mit Margeriten und Sauerampfer, mit Löwenzahn und Butterblumen, mit Vierklee und Fünfklee, mit Glücks- und Unglücksklee, damit die losen Körperteile des leblosen Hampelmannes, dem auch keine Schnüre mehr in den Himmel hinaufhalfen, im Inneren des Sarges nicht verrutschen und auseinanderfallen und der ohnehin schon fürchterlich zugerichtete Leichnam nicht vollends verkrüppelt werden konnte beim Transport, so erzählte es ein überlebender Kamerad meinem Großvater. Keiner rührte in diesem Todesjahr die Äpfel des Gravensteinerbaumes an, sie fielen zu Boden, aufs Gras und verfaulten und wurden heimgesucht von den Bienen und von den Wespen aus dem grauen, papierenen Ballon in einer Ecke des Dachbodens, die unter den Fußsohlen der Kinder im weichen Matsch der gärenden Frucht begraben wurden. *»Endgültig schweigen kann man nur aus der Freude lernen. Aus dem Nichtempfinden seiner selbst strömt für die andern Trost, aus der vollkommenen Stimmlosigkeit erheben sich die Stimmen. So wie die Lerchen vom Boden aufsteigen, nicht von den Bäumen.«* Vor dem Krieg war mein Großvater Johann Winkler, vulgo Aichholzer, Bürgermeister der Gemeinde Paternion, zu der auch das Dorf Kamering gehörte. Als die Nazis kamen und ihn aus dem Amt treiben wollten, hatte er seinen Schreibtisch schon geräumt: »Ich habe schon demissioniert!« sagte er zu den ins Amtsgebäude marschierenden, braun uniformierten, kreissägenzackig ausscherenden, herrschsüchtigen Männern. Aus dem Fenster des Hauses meines Großvaters mütterlicherseits hing keine Hakenkreuzfahne. Meine Großmutter väterlicherseits lief unter der aus dem Fenster hängenden Hakenkreuzfahne mit hocherhobenen Händen aus dem Haus und schrie: »Heil Hitler! Heil Hitler!«, als beim Einmarsch der deutschen Truppen Hitler auch tatsächlich im offenen Wagen über Spittal an der Drau, durch mein Heimatdorf Kamering bei Paternion und schließlich nach Villach und Klagenfurt fuhr. Und nach dem Krieg, als der inzwischen schon über vierzig Jahre alte Jakob Winkler, vulgo Enz, mein späterer Vater also, der weder Geschwister noch enge Verwandte im Krieg verloren hatte, wieder Mist- und Heugabel auf seinem elterlichen Hof in die Hände nehmen konnte, traf er sich dann und wann mit meiner späteren Mutter, der Maria Winkler, vulgo Aichholzer, bis er, unweit vom Gravensteinerapfelbaum, unter dem einst mein betender und weinender Großvater saß vor der Ankunft des Leichnams seines dritten gefallenen Sohnes Adam auf dem Heuleiterwagen und unweit vom großen Nußbaum, der erst später gefällt werden und aus dem der Dorftischler die Schlafzimmereinrichtung meiner späteren Eltern zimmern sollte, an einem lauwarmen Sommertag über eine Holzleiter, wie es in den Dreigroschenromanen steht, in ein kleines Zimmer stieg und meine Mutter schwängerte, in einem Zimmer, in dem wiederum Jahrzehnte später, als Mutter und Vater längst ihre Familie auf der Enznhube gegründet hatten und ich auch schon fast vierzehn Jahre alt war, eine junge Lehrerin einzog, die ich als Volksschüler und als späterer Handelsschüler fast täglich besuchte und bei der ich das erste Bücherregal meines Lebens sah, aus dem ich das gelbe Rowohlt-Taschenbuch des Romans »Die Pest« von Albert Camus nahm, in dem ich blätterte und das ich schließlich mit nach Hause nehmen durfte, es war das erste literarische Buch meines Lebens nach einer langen Stange von Karl-May-Büchern, die mich als Kind schon halb hinauskatapultiert hatten aus dem katholischen Dorf, in den Wilden Westen, in den Sudan, durchs wilde Kurdistan, von Bagdad nach Stambul und durch das Land der Skipetaren. »Pfiati, Mitzele!« sagte vielsagend mein späterer Vater, als er, sich noch einmal aus seinem Dorf verabschiedend, nach einem Heimaturlaub das allerletzte Mal an die Front mußte, zu meiner späteren, einen frischgepflückten Strauß mit violetten Nelken in der Hand haltenden und am Gartenzaun an der Stelle, wo ein paar Jahre davor mein Großvater mit der Nachricht vom Tod seines dritten Sohnes in die Knie gegangen war, stehenden Mutter. *Wir tragen heiße Schüsseln in den erhobenen Händen. Wenn wir in der Mitte des Saales sind, brennt es durch die Tücher«*, schreibt Ilse Aichinger. *»Sollen wir sie fallen lassen oder weitertragen, bis unsere Handflächen Brandblasen sind? Ausgelacht wird man für beides. Es brennt durch die Tücher! Hätte ich das gewußt, ich hätte keine Tücher genommen.«*

Und als dann ein paar Jahre nach dem Krieg mein Vater in der Bauernküche bei meinem Großvater um die Hand seiner inzwischen schwangeren Tochter anhielt, da soll mein Großvater, der nach dem Tod seiner drei erwachsenen Söhne nur mehr langsam sprechen konnte und die Wörter beim Aussprechen dehnte, gesagt haben: »Ich hab nichts dagegen … nichts dagegen … aber der Altersunterschied … der Altersunterschied macht mir Sorgen …« Die Anekdote mit der Holzleiter, die mein Vater im Garten erstieg, unweit vom Nußbaum und unweit vom Gravensteinerapfelbaum, um zur jungen, schönen Frau zu gelangen, geisterte jahrzehntelang durch die Verwandtschaft zur Erheiterung meines Vaters und zur Verlegenheit meiner im Gesicht rot anlaufenden und sofort schneller den Löffel im Kochtopf rührenden Mutter. Und saß sie am Tisch und hörte sie bei Tisch diese Anekdote, stand sie auf und ging in die kühle Speisekammer und kam lang nicht wieder. Dieser vollkommen verschwiegene Großvater, der bald nach dem Krieg Vorstand in der Oberkärntner Molkerei wurde, hatte einmal von seinem Dienstgeber zu seinem Geburtstag eine große Holzkiste als Geschenk bekommen, aus der wir, um die Kiste herumgehend, ein mysteriöses Kratzen hörten, so daß wir es kaum erwarten konnten, bis er mit einer Beißzange die Nägel aus der Holzschachtel zog und zu unserer Überraschung der älteste Ziervogel der Menschheit heraussprang, ein blauer Pfau mit einer schönen, uns entgegenleuchtenden Federkrone auf dem Scheitel, der dann schließlich, stolz wie Pfauen nun einmal in unseren Augen sind, meinen Großvater bis zu seinem Tod begleitete und ihn noch mehr als zehn Jahre überlebte. Wenn der Pfau vor dem Hauseingang sein fächerförmiges Rad aufstellte und raschelnd seine Federn erzittern ließ, warfen wir ihm eine Faustvoll Getreide vor die Beine und sahen genußvoll zu, wenn er mit der fächerartigen Pracht, den blaugrün irisierenden Augen der Pfaufedern, erschrocken einen Schritt nach hinten wich, dann aber schnell mit ruckartig vorzuckendem

Kopf die Weizenkörner aufpickte. Allabendlich, kurz vor dem letzten Betläuten, wie das mich immer beängstigende Glockenspiel genannt wurde, hörten wir seine durchdringenden Schreie. Und wenn der Pfau schrie, dann wußten wir deswegen lange noch nichts, aber wir spürten, daß das Dorf da war, es war noch nicht weg, noch nicht vom Erdboden verschluckt, und wir noch auf den Beinen. *»Warum sich uns alles mit Erinnerung verflicht? Warum wir immer im Nebel den hören, der uns ruft? Weinstöcke und Angst.«* Durch und durch, wie man so sagt, sind mir damals die Pfauenschreie gegangen, durch den Körper, durchs Herz, durch die Seele, durch den Kopf und durch die Adern. Nicht selten liefen wir dem Pfau mit seiner umständlichen, am Boden schleifenden Schleppe nach und nutzten im großräumigen Schuppen, in den wir ihn hineingetrieben hatten, eine Enge, um ihm ein paar seiner prachtvollen Federn aus dem Körper zu reißen, die noch warm und blutig waren an den Spitzen. Ja, wir haben uns nicht geschämt, dem ältesten Ziervogel der Menschheit weh zu tun und ihm die Augen auszureißen, denn er hatte so viele und so prachtvolle. Und in den Zeiten des menschlichen und tierischen Friedens suchten wir den ganzen Hof nach Pfaufedern ab, brachten sie dem immer an derselben Stelle hinter dem Tisch sitzenden Großvater mütterlicherseits oder trugen das ganze Bündel nach Hause, über die Dorfstraße hinauf, väterlicherseits.

Später bekam mein Großvater von der Oberkärntner Molkerei zu seinem Geburtstag wieder eine Kiste, die wiederum er selber öffnete und aus der man diesmal einen Fernsehapparat heraushob, den zweiten, den es damit im Dorf gab, den ersten hatte die kinderreichste und ärmste Familie, und einige Zeit später saßen wir im Kranken- und

dann auch bald Sterbezimmer des Großvaters – der Großvater hinter unserem Rücken zappelte bereits mit seinen Füßen – und starrten aufgeregt und entsetzt auf die flimmernde Mattscheibe, als den ganzen Abend über von der Ermordung des von mir so geliebten damaligen Präsidentschaftskandidaten Robert Kennedy berichtet wurde, den ich in den im Dorf kursierenden Illustrierten, im *Stern* mit dem großen Stern und in der vermaledeiten *Quick* immer, von einem anderen Vater in einem anderen Land, im weiten Amerika träumend, bewundert hatte, denn ich wollte heruntersteigen vom dörflichen Misthaufen meines katholischen Heimatdorfes, koste es mich das Leben, koste es mich den Tod, damals im vergangenen Jahrhundert, in dem man den Tod ordentlich und wie noch nie ausgekostet hatte. Und: *»Das Spiegelbild wird in das Bild rückverwandelt. In dieser Sicht erlöschen die Spiegel«*, schreibt Ilse Aichinger. Und: *»Diese Spiegelungen, die es unmöglich machen, das zu sagen, was zu sagen wäre. Die uns sperren und unser Bild löschen«*, schreibt Ilse Aichinger. Und: *»Wer den Teufel an der Spiegelfläche packen könnte, da wo er einen so sanft aus dem Raum in die Fläche führt.«*
Und ich gehe weiter, mit dem Buch »Kleist, Moos, Fasane« in meiner Tasche, im indischen Ellora durch die buddhistischen Höhlen und schaue Hunderten aus Stein gehauenen Buddhas ins Gesicht, auf die Hände und auf die Füße und höre beim Weiterschauen und Weitergehen, dort, wo sich das aufgeflogene Wort wieder senkt und wo die Lerchen vom Boden aufsteigen, nicht von den Bäumen, nicht vom Gravensteinerapfelbaum und auch nicht vom Nußbaum, um ein Wort Ilse Aichingers zu paraphrasieren, in diesen heiligen Felstempeln, in meinem Kopf immer und immer wieder die umstürzenden und auf den

Kopf gestellten katholischen Kirchtürme, die mit ihren Spitzen aufstampfen auf diesem gottlosen und blutverschmierten Boden, im engen, mit Brombeerstrauchmuster austapezierten Tabernakel, als kreisend schwarze Schallplatte in hundert verschiedenartigen Stimmen, und die sich mit der Sprechnadel in den jahrtausendalten Stein ritzenden und bohrenden Worte von Ilse Aichinger: *»Gott, rechne uns das Gute, das wir tun, nicht an.«*

MUTTER UND DER BLEISTIFT

»Glänzende Bleistiftspitze, hervorschauend aus hellem Holz,
wie ein Seehund aus einer Scholle …«

Peter Handke, *Am Felsfenster morgens*

EINS

DIE KALKFLECKEN IM LEEREN WEIHWASSERBECKEN IN DER
ÉGLISE LAGRASSE IN SÜDFRANKREICH UND DAS QUIET-
SCHENDE GERÄUSCH EINES EIN KREUZZEICHEN AUF DER
IN BRUCH GEHENDEN FENSTERSCHEIBE ZEICHNENDEN FIN-
GERS EINES MÄDCHENS

Unter der Rubrik VERMISCHTES stand in der Sam-
stagsausgabe der Kärntner »Kleinen Zeitung« Folgendes:
»Achtjähriger nahm sich das Leben. Toulouse. Ein achtjähriger Bub hat sich in Frankreich das Leben genommen,
nachdem er mit seinem Bruder gestritten hatte. Der Bub
hat sich erhängt. Nach ersten Erkenntnissen der Polizei
in Toulouse hat sich das Kind mit seinem jüngeren Bruder wegen einer Lappalie gestritten. Er sei deshalb vom
Vater in sein Zimmer geschickt worden. Dort habe er sich
dann erhängt, heißt es. Der Vater versuchte vergeblich,
sein Kind zu reanimieren, so die Zeitung ›Dépeche du
Midi‹. Auch die Rettungskräfte konnten nichts mehr für
den Buben tun. Im Jahre 2009 verübten 37 Kinder im Alter zwischen 5 und 14 Jahren in Frankreich Selbstmord.«
*»Wie Jesus einfach sagen kann, zur Witwe mit dem toten
Sohn: ›Me klaie!‹ (Weine nicht!)«*, steht in den Aufzeichnungen »Gestern unterwegs« von Peter Handke.
Auf der Fahrt von Toulouse nach Lagrasse, mit den Aufzeichnungen »Gestern unterwegs«, aus dem Fenster des
Autos schauend, sehe ich in einem Dorf die modernen

Stromerzeuger als rotierende, den Wind köpfende Heiligenscheine. Eine Elster pickt vom Straßenrand – zwischen einer langen Reihe Holundersträuchern stehen unzählige Büsche gelber Ginster – einen Regenwurm auf und fliegt, auch angetrieben vom Fahrtwind des vorbeirauschenden Autos, über die noch grünen Getreidefelder. Das Auto überrollt einen bereits überfahrenen Igel mit seinem aus dem Stachelfell herausgequetschten Fleisch. Vor den Zypressen, die ringsum einen Friedhof einrahmen, stehen Warntafeln, auf denen schwarze Schafe und Hirsche aufgemalt sind. Angekommen im stillen mittelalterlichen Dorf Lagrasse, unweit von den Pyrenäen, höre ich als erstes beim Aussteigen aus dem Auto einen Hahnenschrei. In der Mitte des grünen, im Sekundenabstand immer wieder aufleuchtenden Apothekerkreuzes tauchen abwechselnd Uhrzeit und Außentemperatur auf. Auf der Vitrine eines kleinen, altmodischen Gemischtwarenladens steht als Zierde ein Hahn aus Keramik, nur ein paar Stücke Käse und eine einzige luftgetrocknete Wurst liegen in der Vitrine. Der kleine, aber laut plätschernde Bach, über den eine mittelalterliche Brücke führt, trägt den Namen »L'Orbien«. Am Bachufer steht ein großer Feigenbaum mit breit ausladender Krone und großen, gezähnten Blättern. Im angrenzenden Feld, das voller Mohnblumen ist, liegen auf einem runden Plastiktisch mehrere umgekippte weiße Plastiksessel. Auf einem Plastiksessel klebt ein verwittertes Heiligenbild von Giovanni Bellini mit der Madonna und dem auf einem weißen Polster mit Kordel splitternackt sitzenden Jesukind, das seine Augen zum Himmel hinaufdreht, während die Madonna mit leicht verschobener Unterlippe zur linken Seite schielt. Links und rechts von den beiden stehen die betende und jetzt schon um Jesus trauernde heilige Catarina und die heilige Magdalena, die ebenfalls in Erwartung eines Unheils ergeben die Hände gekreuzt auf ihrer Brust hält. Ein herrenloser, einen Kranz mit getrockneten Lorbeeren schief auf seinem Kopf tragender Hund mit hechelnder, Speichel verlierender Zunge irrt verloren durch die Straßen dieses stillen, kleinen Dorfes, das ungefähr 700 Einwohner zählt und in dem man kaum Jugendliche sieht. Die meisten Häuser sind aus Stein gebaut, die wenigsten verputzt, und an mehreren Straßenecken sind große, gespenstische, trichterförmige Lautsprecher angebracht. Eine Frau geht mit einem ständig grunzende Laute ausstoßenden behinderten Kind über den kleinen, überschaubaren Markt, das eine orangefarbene Kaki mit aufgeplatzter Haut vor seinen Füßen herstößt, schließlich draufspringt und sie zerquetscht, so daß ein Teil an seinen Fußsohlen kleben bleibt und die mürrisch gewordene Mutter das Kind weiter, durch den Markt zieht. Ein älterer Mann führt an der Hand einen gleichaltrigen, blinden Mann am Verkaufsstand der einzigen Gemüsehändlerin vorbei, die noch erdigen Salat, drei Bündel ebenfalls noch erdige Möhren und mehrere Büschel Petersilie und Maggikraut anbietet.

In der Église Lagrasse, wo ich mich in einen korbgeflochtenen Stuhl setze, wieder »Gestern unterwegs« von Peter Handke aufschlage – »Schreiber, Steinmetz des Atems« –, höre ich laute Orgelmusik mit tiefem, dämonischem, mich an die Gänsehaut meiner Kindheit erinnernden Klang. Obwohl sich im Weihwasserbecken, das aus rötlich-weißem Marmor besteht, kein Tropfen Weihwasser befindet – es ist weiß ausgetrocknet wie ein Flußbett –, berührt eine Frau die Kalkreste der großen, bottichartigen Muschel und macht ein Kreuzzeichen. Auf die abgesplitterten Kalkreste schauend, sah ich meine an der alten, versenkbaren Singer-Nähmaschine mit dem gußeisernen Gestell und dem Fußpedal sitzende, gerade einen Zwirnfaden zwischen den Lippen haltende Mutter vor mir, wie sie, als ich, mit dem angeknabberten Bleistift in der linken Hand – meine Lippen schmeckten nach Blei –, meinen Kopf hob, die befeuchtete Spitze des Zwirnfadens in die Höhe hielt und begutachtete. »Seppl«, sagte sie zu mir, »bring mir eine Flasche Weihwasser aus der Kirche, sie ist schon wieder leer! Und nimm den Bleistift in die *Schöne Hand*!« Nach der nächsten Frühmesse füllte ich in der Sakristei aus einem Kupferkessel – der kleine kupferne Wasserhahn hatte die Form eines Kruzifixes – die Glasflasche mit Weihwasser und lief mit meinem roten, schlendernden Ministrantenmantel den senkrechten Balken des kreuzförmig gebauten Dorfes hinauf und brachte ihr das geweihte, schon schal schmeckende Brunnenwasser, ehe ich wieder über die Dorfstraße hinunterlief, auf dem Friedhof an den verwahrlosten Kindergräbern vorbei, die schwere, ranzende Eisentür der Sakristei öffnete und mein Chorkleid in den schwarzen Kleiderkasten der Ministranten hängte, über die vielen halbleeren kleinen Schachteln mit den noch ungeweihten Hostien. An der Wand eines Nebenaltars in der Église, in Lagrasse, hängt ein großes schwarzes Kreuz mit einer sich zusammenkauernden Jesusgestalt mit offenem Mund, der die Zähne ausgebrochen wurden. Das runde Loch für den Kreuzigungsnagel im Fuß ist viel größer als der Kopf des Nagels, verloren und traurig schaut der Nagel aus der Fußwunde. Die Eingangstür des Beichtstuhles, die von hölzernen, wurmstichigen Weintraubenornamenten umrahmt ist, befindet sich in der Mitte des braunen Sündenkastens. Sowohl auf der rechten als auch auf der linken Seite des Beichtstuhls können sich die Beichtenden niederknien und ihre Sünden durch die Löcher eines hölzernen Kruzifixes flüstern, und der Priester muß nur den Kopf verdrehen, um sich dem nächsten Beichtenden zuwenden zu können. Wenn ich in der Kameringer Kirche als Kind vor dem Beichtstuhl kniete und nichts zu sagen wußte, keine Sünden aufzählen konnte, wurden mir vom Pfarrer Franz Reinthaler zu meiner Erlösung die Sünden eingetrichtert: »Du hast gestohlen?« – »Ja!« – »Du hast gelogen?« – »Ja!« – »Du hast Vater und Mutter nicht geehrt?« – »Ja!« – »Du hast geflucht?« – »Ja!« – »Und unkeusche Gedanken?« – »Ja!«

Ein sechzehnjähriges, eine dunkelviolette, glänzende Jacke und eine hautenge, brombeerfarbene Hose tragendes Mädchen fährt mit ihrem speichelnassen Zeigefinger quietschend über eine Schaufensterscheibe, hinter der auf einem handbemalten Keramiktopf ein roter Stoffpapagei mit grünen Glasaugen steht. An die nächste kleine Schaufensterscheibe drückt sie wiederum den Zeigefinger, zeichnet ein Kreuz, so daß die Scheibe zu Bruch geht, und läuft schließlich mit blutendem Finger, vorher links und rechts schauend, davon. Neben dem handbemalten Keramiktopf, unter einer großen Käseglocke, steht ein kleines, folkloristisches Stoffpärchen. Der weiblichen Stoffpärchengestalt hängt ein silbernes Kruzifix um den Hals. Auf unzähligen Friedhofsgräbern liegen schwere, farbige Keramikblumenkränze, Souvenirtafeln aus Marmor mit farbigen Brustbildern der Toten. Dazwischen liegen oft haufenweise Sträuße mit verschiedenfarbigen Plastikblumen, aber kaum frische Schnittblumen. Auf einer Grabplatte steht ein weißer Keramiktopf mit blauen Kermaikvergißmeinnicht. Hinter einem Grabmal, in einem mit Erde gefüllten Topf, steckt eine rostige Schneiderschere. Beim Hinausgehen aus dem Friedhof stolpere ich über eine harte, knisternde grüne Totenkranzschleife und schaue gleichzeitig auf einen breiten, buschig grünen Feigenbaum, der hinter der Klostermauer aufragt. Im Klosterhof, vor der Buchhandlung, spielt ein plitschnasser Junge mit einem sich mehr und mehr mit dem Regenwasser vollsaugenden Schaumgummiball, auf dem die Karte der Weltkugel aufgedruckt ist. Ein ebenfalls mitspielender junger Mönch, der unter dem Überhang seiner knöchellangen weißen Kutte ein großes, schweres, vergoldetes Kruzifix um den Hals trägt, schießt dem ständig lachenden und feixenden Jungen die schwer gewordene Schaumstoffweltkugel auf die Brust. Die Buchhandlung des Klosters, so zeigt es bereits neben dem Eingang an der Hausmauer ein Schild, darf weder mit Hunden mit oder ohne Maulkorb noch in kurzen Hosen und auch nicht von Frauen betreten werden, die nur einen Badeanzug tragen. Im Buchladen des Klosters kann man neben ausschließlich religiösen Büchern auch klostereigene Marmeladen, Meßwein, Rosmarin-, Thymian-, Lindenblüten- und Akazienhonig kaufen. Neben anderen, auf dem Boden in der Buchhandlung sitzenden und ausschließlich religiöse Comicgeschichten lesenden Kindern blättert ein Mädchen in der Zeichengeschichte der »Bernardette de Lourdes«.

Im Dorf Rieux, in der Nähe von Lagrasse, wo der französische Verlag Verdier seinen Hauptsitz hat, erzählt die Verlegerin, die uns mit uraltem Wein und Bauernwurst bewirtet, stürzte ein kleines Wildschwein, das, bereits vom Jäger angeschossen, von einem Hund verfolgt worden war, durch ein kleines Fenster in die Küche hinein und landete auf dem Küchenboden. Das Wildschwein wollte das Haus nicht mehr verlassen, irrte von der einen Ecke in die andere, vom einen Zimmer ins andere und mußte regelrecht ins Freie getrieben werden. Der in diesem Augenblick im Garten selbstgekelterten Wein trinkende Jäger fing das Tier ein und erstach es. Es wurde sofort geschlachtet, gehäutet, ausgenommen und eine Zeitlang in die Linde gehängt. Ihr Haus, so erzählte die Verlegerin, wurde aus dem Stein des dahinter aufragenden Felsens erbaut. In der lauwarmen Küche, in der sich auch ein offener Kamin befindet, in dem laut das brennende, harzige Holz knistert, blickt man beim Händewaschen über einem kleinen steinernen Waschbecken durch ein kleines Fenster auf die Äste einer schon blühenden Linde. Die Verlegerin schenkt mir die französischen Ausgaben der Aufzeichnungen von Peter Handke: »Gestern unterwegs« und »Am Felsfenster morgens«. »*Sich das Tranchiermesser des Bilderdenkens durch das geredeverwucherte Gehirn schieben (5. August)*«

Auf der Rückfahrt von Lagrasse nach Toulouse sehe ich unzählige Olivenbäume, zwischen hüfthohen Weinranken verlaufen Eisenbahngleise mit Oberleitungen, Pinien stehen an den Straßenrändern und immer wieder gelbe Ginsterbüsche. Am Rande eines roten Mohnfeldes, aus dem nur spärlich das Grün des Grases herausleuchtet, steht eine Werbetafel der Autoreifenfirma »Michelin« mit dem bekannten dicken Reifenmann, seinen Reifenfüßen, Reifenarmen, Reifenkopf mit Gummihirn. Während der fast zweistündigen Autofahrt sah ich weder Rinder- noch Schafsherden, nur einmal zwei regennasse braune Pferde, das eine groß, das andere klein, Stute und Fohlen, kolchosartig große Getreidefelder und unendlich viele Weinfelder. Beim Anblick eines Getreidefeldes fällt mir ein,

daß ich damals als Kind Angst hatte, wenn wir zu Fuß mit
der Schulklasse durch den Wald und über die Wiesen nach
Paternion ins Freibad gingen, denn Sommer für Sommer
fragte mich der Lehrer nach dem Unterschied der einzelnen Getreidesorten. Ich schämte mich immer, wenn
ich – »Du als Bauernsohn …!« – die auf den Feldern wach-
senden Getreidesorten voneinander nicht unterscheiden
konnte, den Roggen vom Hafer nicht, den Weizen von
der Gerste nicht, Jahr für Jahr, immer dieselbe Tortur
mit Handtuch und Badehose. Auf dem Flughafen in Toulouse ließ bei der Sicherheitskontrolle eine Frau neben
einem kleinen Fotoapparat auch ein Büschel mit einem
Gummiring zusammengehaltener Maiglöckchen durch-
leuchten.

ZWEI

DER BLEISTIFT UND DIE SCHÖNE HAND ODER DAS PHOS-
PHORESZIERENDE KRUZIFIX, DAS IM ELTERLICHEN SCHLAF-
ZIMMER MIT GIFTIG-GRÜNEM BLICK AUF DIE MADONNA
SULLA SEGGIOLA VON RAFFAEL SCHAUT

Mit der Erzählung »Wunschloses Unglück« von Peter
Handke in meiner ledernen Umhängetasche, einem roten
indischen Notizbuch, das ich vor ein paar Jahren in Varanasi gekauft hatte, und die Pelikan-Füllfeder in der Hand,
abwechselnd lesend und schreibend, sitze ich in der indischen Stadt Pune, ungefähr 150 Kilometer von Mumbai
entfernt, in einer Gemüsehalle und denke beim Anblick
eines meterhohen, auf dem Boden liegenden Stoßes Petersilie an meine inzwischen verstorbene Mutter – »*Der Bleistift roch nach Rosmarin*«, steht in Peter Handkes »Phan-
tasien der Wiederholung« –, an ihren zweiten Gemüsegarten am Fuße des kreuzförmig gebauten Dorfes, an der mit
Moos bewachsenen Friedhofsmauer, gegenüber der Kirche. Gleichzeitig mischte sich auch immer wieder, zwischen Buch und eigenes Schreiben, ein Zeitungsartikel aus
der »Hindustan Times«, ein, den ich den ganzen Tag in
Pune nicht loswerden konnte. Ein zehnjähriges Mädchen
in Bangalore, das gemeinsam mit seiner Schwester von der
Schule kam, fiel, als es in einem Hanuman-Tempel gebetet
hatte und sich danach zum Austreten ins Gebüsch begab,
einem Racheakt von vier Männern, die mit ihrem Vater in

Konflikt waren, zum Opfer. Die hinter einer Staude hok-kenden Männer übergossen das Mädchen mit Kerosin und zündeten es an. Die schreiende Schwester konnte Vor-übergehende informieren, die mit ihren langen breiten Schals die Flammen am brennenden Kind erstickten und es sofort ins Krankenhaus brachten. Ihre Haut soll zu 75 % verbrannt sein. Sie ringe mit dem Tod. *»Immer wie-der bei Giottos Trauernden: die vor Trauer geschwollenen Oberlippen«*, steht in den Aufzeichnungen »Gestern un-terwegs« von Peter Handke. Der verwitterte Zaun an dem Gemüsegarten meiner Mutter in meinem Heimatdorf Ka-mering war immer desolat, voller grauer Flechten, wurm-stichig und morsch, die Nägel verbogen und rostig. Links vom Zaun, ebenfalls vor der Friedhofsmauer, stand ein breiter, hochgewachsener Holunderstrauch, »Holler«, wie wir ihn nannten, mit schirmtraubigen, nach Zitrone rie-chenden Blüten, unter dessen Ästen der Vater ausgeson-derte Ackergerätschaften parkte, die von Jahr zu Jahr ro-stiger und morscher wurden, rascher als die verwesenden Knochen der Toten zusammenbrachen und in die Knie gingen. Dieser Gemüsegarten auf dem sogenannten »Kir-chenfeld« war ein kleiner Teil eines großen Feldes, das der Vater von der Diözese gepachtet hatte und auf dem er Ge-treide und Kukuruz anbaute. Wenn es wieder einen Streit gab zwischen meinem Vater und dem Pfarrer und die un-ausgesprochene Drohung in der Luft lag, daß der Pfarrer die Pacht kündigen könnte, hatte ich Angst, daß uns der makabre Gemüsegarten an der Friedhofsmauer verloren-gehen könnte, wir keine Möhren und Rettiche, keine Pe-tersilie und kein Maggikraut mehr ziehen könnten in die-sem Gemüsegarten, in dem ich als Kind oft die gruselige und meine Fantasie anregende Vorstellung hatte, daß das unter der steinernen Friedhofsmauer hindurch in den Gemüsegarten wandernde Leichengift der Toten die Wurzeln unseres Gemüses verseucht hätte und wir, besonders in den Träumen, Zwiesprache mit den Toten hielten, besonders mit den verunglückten Kindern und den jugendlichen Selbstmördern, die uns von Himmel und Hölle erzählten. »Herr Enz!« sagte der Pfarrer, auf der hölzernen Bachbrücke stehend, »Sie waren schon wieder nicht in der Sonntagsmesse!« zu meinem Vater, der, mit einer Peitsche in der Hand, die Kühe zum Brunntrog, zur Tränke getrieben hatte. »Ich gebe Ihnen gerne die Peitsche, Herr Pfarrer, wenn Sie für mich die Stallarbeit machen, dann gehe ich in die Sonntagsmesse!« Wenn die Mutter in der Sommerhitze mit hochrotem Gesicht, den beigefarbenen, handgeflochtenen Strohhut mit dem breiten roten Band auf ihrem Kopf, das Unkraut jätete, hielt ich mich meistens im Friedhofsgelände auf und ging mit der eingebeulten, blechernen grausilbernen Gießkanne von Grab zu Grab und versorgte die rosaroten und weißen Fleischblumen – »Die Fleischblumen sind *dankbare* Blumen, sie halten sogar die Sommerhitze aus«, sagte sie – mit Frischwasser, auch meine drei, vier namenlosen, verwahrlosten Lieblingsgräber, wie ich sie nannte, die Kindergräber mit dem kärglichen Blumenschmuck von wilden hellvioletten Hundsveilchen, Margeriten und Löwenzahn, auf denen mehrere zerbrochene Gipsengel lagen, niemand wagte es, die abgebrochenen Engelsflügel wegzuräumen, auf den farbigen Friedhofsabfallhaufen zu werfen, auf dem wir uns oft herumtummelten, aus den weggeworfenen, verfaulten Totenkränzen zogen wir rote Plastiknelken heraus, steckten sie in ein Knopfloch des Hemdes und stolzierten dandyhaft durchs Dorf.

Oft sprachen meine Großmutter väterlicherseits und meine noch junge Mutter nach einer kaum erwähnenswerten Meinungsverschiedenheit kein Wort mehr miteinander. Beleidigt verließ die dicke Großmutter, die einst, als Hitler mit seinem Konvoi durch Kamering fuhr, zur Haustür hinausgelaufen war, ihre Hände in die Höhe gerissen und »Heil Hitler! Heil Hitler!« gerufen hatte, die Bauernküche und zog sich in ihr Zimmer im ersten Stock zurück. »Die Muata ist auch schon wieder seit fünf Jahren hin!« soll die Großmutter einmal zu meiner Mutter gesagt haben, als sie von der verstorbenen Mutter meiner Mutter sprach, die im Zweiten Weltkrieg drei Söhne im jugendlichen Alter verloren hatte und an gebrochenem Herzen gestorben war. Das soll meine Mutter, so erzählte sie es mir später mehrmals, tief verletzt haben, die Mutter ist *hin*. »So redet man über ein Vieh und nicht über einen Menschen!« sagte sie. Wochenlang verließ die beleidigte Großmutter väterlicherseits ihr Zimmer nicht mehr und ließ sich Tag für Tag von meiner jungen Mutter das Mittag- und Abendessen servieren. Da es zu dieser Zeit im ersten Stock des Bauernhauses noch kein Fließwasser gab, ging sie morgens mit einer gefüllten Waschschüssel langsam und vorsichtig über die sechzehnstufige Holzstiege hinauf und stellte sie im Zimmer der Großmutter auf einen wackeligen Schemel. Sie frisierte die Alte, schmierte ihr Veilchenöl ins dünne grauweiße Haar, flocht zwei Zöpfe, die sie als semmelartiges Gebilde auf dem Hinterkopf zusammendrehte und mit zwei welligen silbernen Nadeln feststeckte. Eine bestimmte Stelle des dunkelgrünen Diwans, den ihr Sohn, der Onkel Hans, Konditor der Konditorei Rabitsch in Klagenfurt, der auch der Chauffeur des Bischofs von Gurk war, zu einem Geburtstag an-

gebracht hatte, auf dem und wo die Alte Tag für Tag stundenlang saß und spekulierend, wie sie es nannte, ihre beiden Daumen drehte, war verseucht von ihrem Urin und
eingebeult von ihrem Gewicht, sie wog weit über hundert
Kilogramm. Die Oma spekuliert schon wieder! hat es
geheißen. Wenn sie ihre beiden Daumen im Kreis drehte
und ich mich zu ihr gesellte, sagte sie öfter: »Seppl! Kratz
mir den Buckel!« Nach einigen Wochen *taute* die Großmutter, wie es hieß, wieder *auf* und ging langsam mit ihren nach Urin riechenden, heruntergerutschten schwarzen
Strümpfen und knöchelhohen grauen Filzpatschen, deren
Innenseiten mit schwarzen Hakenkreuzen bestickt waren, über die Stiege hinunter, schlapfte schlürfend mit ihrem kolossalen Lebendgewicht den engen Flur des Hauses
entlang und setzte sich wortlos in die Küche. Sie stierte,
das Fenster im Rücken, lange vor sich hin, ehe sie ein Wort
der Versöhnung über ihre Lippen brachte. Als es dann ab-
wärtsging mit der Gesundheit der Großmutter, *tanzte* die
Mutter, wie es hieß, ein Jahr lang im Haus auf und ab, ging
morgens mit der Waschschüssel über die sechzehnstufige
Stiege, brachte ihr zweimal am Tag Malzkaffee – eine Mischung aus Linde-Kaffee und Melanda-Feigenkaffee – mit
einem fetten Krapfen ins Zimmer. Mittags breitete sie der
im Bett liegenden, auf Tod und Teufel wartenden Großmutter ein Küchenhandtuch auf dem Schoß aus und stellte die heiße Suppe drauf. Eine Zeitlang konnte die Alte die
Suppe noch alleine löffeln, später mußte sie von meiner
Mutter in ihren faltigen, zahnlosen Mund hineingefüttert
werden. »Mund auf! Mund auf!« hörte ich immer wieder,
wenn ich vor der Tür stand und horchte. »Ich hab keinen
Hunger! Ich hab keinen Hunger!« jammerte die wehleidi-
ge Alte.

Oft öffnete ich, wenn ich die vereinsamte, bettlägrig gewordene Großmutter in ihrem Zimmer besuchte, die mit ihrem schwarzen, am Griff schmierigen Gehstock vom Bett aus auf den Fußboden klopfte und uns rief, ohne daß einer sie wahrnahm, das Fläschchen mit dem Veilchenöl, roch daran, schmierte mir ein paar Tropfen ins Haar, setzte mich, den Rücken zum Fenster, wo auf einem Fichtenast der Eichelhäher, der Totenvogel, lauerte – »Seppl! Hast du die Tschufitl gehört? Sie hat schon wieder geschrien! Ich werde bald sterben, Bua, bald sterben!« –, an den Tisch, öffnete die Schublade und schaute in einem dicken Fotoalbum mit türkisfarbenem, gepolstertem Einband auf ein Bild mit einem aufgebahrten und so schön zurechtgemachten Kind, daß ich mich am liebsten zu ihm gelegt hätte, wenn noch Platz vorhanden gewesen wäre. Das verblichene Kind lag in einem altmodischen, handgeflochtenen Kinderwagen mit einem Schiebdach. Das Haupt der toten Bauernprinzessin, das auf einem weißen, gehäkelten Zierpolster lag, war mit einem Strauß Stoffblumen und lilienartigen Blüten aus weißem Wachs bedeckt, nur die freie Stirn konnte man sehen. Der Mund des toten Mädchens war unter der Hasenscharte der Oberlippe leicht geöffnet. *»Manchmal geradezu handgreiflich der Drang, die Toten zum Leben zu erwecken, wie jetzt hier in der Sonne, wo sich am Boden die Blätter sacht drehen; was aber dann mit den Auferweckten anfangen?«* Die geschlossenen Augen sahen einer waagrechten Kinderscheide ähnlich, die Nase mit den großen Nasenlöchern war stumpf, die Wangen pausbacken voll, die mit einem Rosenkranz umwickelten Händchen zum Gebet gefaltet, spitz die leicht weitergewachsenen Fingernägel. Weißgekleidet, mit aufgeplusterten Ärmeln, lag das Kind in sei-

nem putzigen Sarg. Ein breites Seidenband, in der Bauch-
mitte mit einer Schleife verziert, war links und rechts
am Rande des Kinderwagens festgebunden, damit es sich
nicht erheben und mit dem weißen Schleier auf dem Kopf
und einem Strauß Vergißmeinnicht unter der Achsel vor
seinem Begräbnis fliehen und sich hinter einem Grabstein
verstecken konnte. Auf seinen Oberschenkeln lagen zwei
weiße, kunstvoll gebundene Kränzchen mit geschlossenen
Wachsblüten. Ob das Kind wohl umgebettet wurde in
einen kleinen weißen Kindersarg oder ob es im über und
über geschmückten Kinderwagen mitsamt den Rädern begraben wurde, um damit die Himmelsleiter schneller zu
ersteigen, fragte ich mich immer wieder beim Betrachten
des Bildes. Leise legte ich das gepolsterte Fotoalbum wieder in die Schublade, denn ich wollte nicht, daß meine
bettlägrige Großmutter bemerkte, daß ich sie auch deswegen mehrmals am Tag besuchen kam, weil ich das Bild mit
dem toten Kind anschauen, mich in seine Totenwelt hin-
einträumen wollte. Meine Mutter hatte überhaupt keine
Ahnung von der Existenz dieses Fotos. Ich wagte nie, es
ihr zu zeigen, ich schämte mich nicht nur, ich hatte auch
Angst davor, zu sagen, daß ich so gerne dieses tote Kind
anschaute.

»Jogl! Jogl!« schrie die zahnlose Großmutter, »Jogl! Hilf
mir!« Der Jogl, ihr Sohn, mein Vater, erhob sich unter
dem schweren, schwarz eingerahmten Heiligenbild der
Madonna sulla seggiola von Raffael aus seinem Bett, ging
am Wäschekasten mit dem breit eingerahmten Spiegel vorbei, der aus dem Nußbaumholz aus dem Garten seines
Schwiegervaters gezimmert wurde und auf dem das silbern eingerahmte Brustbild seiner verstorbenen Schwiegermutter stand, der Aichholzeroma, deren drei Söhne im

Zweiten Weltkrieg gefallen waren, über dem an einem Nagel ein in der Dunkelheit grün leuchtender Jesus hing, den ein Wanderverkäufer meiner Mutter angedreht hatte. Er holte damals mehrere Kruzifixe aus seinem abgewetzten braunen Rucksack, deutete auf einen grünen Jesus und sagte: »Du kannst ihn auch in der Nacht sehen! Komm, ich zeig es dir, gehen wir in den Keller!« Der Wanderverkäufer, die Mutter und ich gingen in den Keller und warteten – »Du mußt ein bißchen Geduld haben!« sagte er –, bis der kleine, auf ein Holzkreuz aufgenagelte Jesus grün zu leuchten begann. Während wir hintereinander über die Kellerstiege hinaufgingen mit dem noch leuchtenden Jesus, betete der Kruzifixverkäufer: »Dich ich liebe, schönster Jesu, Gottes und Mariä Sohn, dich ich ehre, bester Jesu, meiner Seele Freud und Wonn.« Der Jogl ließ also in seinem Schlafzimmer das über dem Waschtisch leuchtende Kruzifix hinter sich, ging ins gegenüberliegende Zimmer und legte sich neben seiner Mutter ins Bett, aus dem zwei Jahre zuvor ihr Mann herausgestorben war. Er beruhigte sie, schlief den Rest der Nacht neben ihr, bis er um fünf Uhr morgens zur Stallarbeit aufstand. »Ich will nicht sterben! Ich will nicht sterben!« schrie sie in der darauffolgenden Nacht und weckte durch ihr lautes Gejammere auch ihre Enkelkinder im Nebenzimmer auf. Wieder erhob sich der Jogl aus seinem Bett unter dem Heiligenbild der Madonna sulla seggiola von Raffael, ging am giftig grün leuchtenden Jesus von Nazareth vorbei und legte sich neben ihr ins Bett. Wenige Tage später, an einem denkwürdigen Vormittag, als die Mutter, das Essen zubereitend, in der Küche an der Anrichte stand, begann die Alte heftig zu schnaufen und zu stöhnen, jemand lief gegen die Wand des Todes. Der Jogl ging schnellen Schrittes den linken Querbalken des kreuzförmig gebauten Dorfes entlang zum Gasthaus, in dem im Flur hinter einer Glastür das einzige Telefon des Dorfes stand, und rief den Doktor Plank an. Nach kurzer Zeit fuhr ein weißer VW vor. Der Doktor Plank, der seine Vormittagsordination unterbrach und die Kranken in seinem Wartezimmer sitzen ließ, eilte mit seiner dicken Doktortasche den Hausflur entlang, über die Stiege hinauf, ins Sterbezimmer seiner alten Bekannten. Nach einer halben Stunde verließ er mit Tränen in den Augen das Haus und fuhr wieder zu seinen Patienten nach Ferndorf, ans andere Ufer der Drau. Der Vater drückte an der Küchentürschwelle das vom Rotz hart gewordene, zusammengeknüllte Stofftaschentuch an seine geröteten Augen und sagte leise zu der an der Anrichte stehenden und Maggikraut mit einem Wiegemesser zerkleinernden, ihren Kopf verdrehenden Frau, unserer Mutter: »Es ist vorbei!« Mein älterer Bruder und ich hielten uns neben der Mittagessen vorbereitenden Mutter in der Küche auf, er lehnte sich an den warmen Sparherd und schaute aus dem Fenster, ich saß auf dem Diwan und stierte auf die unbemalten, leeren beigefarbenen Fliesen über dem Herd, auf denen ich immer Bilder flimmern gesehen und Geschichten gesucht habe. Der Vater hatte also seine Mutter sterben sehen! dachte ich. Mein Bruder und ich nickten einander vielsagend zu. Links und rechts aus ihren Nasenlöchern mußten zwei neugeborene Totenvögel entschlüpft sein, lautlos, still und heimlich. Hörbar atmete die Mutter auf. Sie sagte kein Wort zu ihrem Mann, dem Sohn der Toten, schaute nicht links und nicht rechts, kein Wort des Mitleids, kein Wort des Beileids kam von ihren Lippen. Mit ihrem Zeigefinger putzte sie das an der Schneide des Wiegemessers klebende, zerkleinerte Mag-

gikraut in eine Schüssel, schlug am Rand einer weißen
Emailschüssel mehrere braune Hühnereier auf und steckte die mit Eiweiß verschmierten, abtropfenden, leeren Ei-
erschalen knirschend ineinander.

Die älteste Tochter meiner Großmutter, die Tresl, die »Gute Haut«, wie sie genannt wurde, die eine vorzügliche
Mehlspeisköchin war und uns, besonders solange der Großvater noch lebte, mit Torten und Kuchen verwöhnte, wurde gerufen. Sie soll, so mein Vater, entsetzt vor dem Leichnam ihrer Mutter gestanden haben, sie konnte es nicht
glauben, brach in Tränen aus und kniete jammernd vor ihrem Sterbebett an der Stelle auf dem braunen Linoleum-
boden nieder, wo sich vom Hervorziehen des Nachttopfs
und vom Zurückschieben unter das Bett und vom scharfen Urin das Muster aufgelöst hatte. Mit der weißemail-
lierten, mit heißem Wasser gefüllten Waschschüssel, die
einen dünnen blauen Rand hatte, einem über ihren Unterarm gelegten, frischen Leinenhandtuch, in dem rot der
Vulgoname des Bauernhofes »Enz« eingestickt war, ging
sie über die sechzehnstufige Stiege. Vielleicht wollte ich
den Leichnam der Großmutter sehen, oder ich sollte die
Tresl zum Mittagessen rufen, ich weiß es nicht mehr, jedenfalls übertrat ich, ohne anzuklopfen, die Türschwelle
des Sterbezimmers. Die Großmutter lag splitternackt mit
auseinandergespreizten Beinen und offenem Mund im
Bett. Die schluchzende Tresl, die in ihrer Hand das dampfende Leinentuch hielt, hob ihr Haupt, schaute mich mit
strengem Blick an und machte einen Deuter mit ihrem
Kopf, der mir sagte, daß ich verschwinden solle. Irritiert
und erschrocken lief ich über die Stiege hinunter und be-
hielt mein Geheimnis für mich. Damals war ich dreizehn
Jahre alt. Niemals sprach ich in den darauffolgenden Jahr-

zehnten mit meinen Eltern darüber, auch nicht mit den Geschwistern. Mit diesem Alptraumbild wachte ich als Kind und später als Jugendlicher jeden Morgen auf und ging jeden Abend damit schlafen. Die Mutter stand nach der Todesnachricht gefaßt an der Küchenanrichte, häutete eine Zwiebel nach der anderen, die wir im Gemüsegarten an der Friedhofsmauer geerntet hatten, und wischte sich mit dem Oberarm die Tränen aus den gereizten Augenwinkeln. Sie war froh, daß *es* vorbei war, für immer vorbei, für ewig und immer war ES vorbei. Tresl war es auch, die mich sieben Jahre zuvor, als ich drei Jahre alt war, über die breite Stiege meines Elternhauses mütterlicherseits ins Aufbahrungszimmer meiner Großmutter führte und mich über den mit Immergrün geschmückten Katafalk hob, mit dem Immergrün von der hohen Immergrünstaude aus dem Garten meiner Großeltern mütterlicherseits, wo damals mein Großvater, als er von der Briefträgerin die schriftliche Nachricht erhielt, daß nun sein dritter Sohn im Krieg gefallen, mit zitternden Beinen in die Knie gegangen war. Mit der einen Hand hielt mich die Tresl fest, mit der anderen hob sie das Bahrtuch in die Höhe und sagte: »Schau, Seppl, schau!« Ich blickte lange in das aschfahle Gesicht meiner Großmutter mütterlicherseits, die an gebrochenem Herzen gestorben war. Niemals, auch Jahrzehnte später, wagte ich es nicht, mit meinem Vater, der noch ein halbes Jahrhundert lebte, darüber zu sprechen. Wie viele tausend Male werde ich es noch sagen müssen, ehe dieser Sarg aus mir heraus und zu Grab getragen wird, in den vermaledeiten Himmel hinunter oder in die glorreiche Hölle hinauf? *»Am meisten lerne ich durch die Varianten des Immergleichen«*, steht in den Aufzeichnungen »Gestern unterwegs« von Peter Handke. Und als dann, einige Jahre später, die verwirrt gewordene und wie ihre Mutter ständig nach Kot und Urin riechende Tresl die gepolsterte Innenausstattung ihres eigenen Sarges auf ihren Pupillen flimmern sah, fragte sie mich Halbwüchsigen: »Seppl! Wirst du wohl hinter meinem Sarg hergehen?« Völlig überrascht von ihrer Frage, mit hochrotem Gesicht, antwortete ich verlegen: »Ja!«

Nachdem die Totenwäsche vollbracht war und die Großmutter, eingekleidet in ihr folkloristisches Sonntagsgewand und mit zum Gebet geschlossenen gichtkranken Händen – auffällig dick waren ihre Fingerknöchel –, um die der schwarze, schmierige Rosenkranz mit dem silbernen Anhängsel des Gekreuzigten gewickelt war, im Bett lag, eilte der Vater wieder ins Gasthaus und rief den Leichenbestatter Stimniker in Feistritz an der Drau an, der innerhalb von einer halben Stunde mit seinem schwarzen Mercedes mit den hinter dem Fahrersitz mysteriös abgedunkelten Autofenstern beim Trauerhaus vorfuhr. Mit einer Wolldecke trugen der Vater und der Leichenbestatter die schwergewichtige Tote den Flur im ersten Stock des Hauses entlang und über die Stiege hinunter. Ich verharrte in der nach frisch aufgeschnittenen Zwiebeln und Knoblauch riechenden Küche auf dem Diwan, hörte das langsame Abtasten der schon damals ausgetretenen, glatten Holzstufen, das Schnaufen und Ächzen der Träger, die sich abmühten und aufpaßten, damit sie nicht mit der Toten auf der Stiege ausrutschten und die Lebenden und die Tote gemeinsam hinunterkollerten. In der ausgeräumten und geputzten Knechtstube legten sie die tote Großmutter auf den Boden, hoben sie an Händen und Füßen von der tristen dunkelgrauen Wolldecke, die an beiden Enden zwei eingewebte rote Zierstriche hatte, und legten sie in den vorbereiteten Sarg. Der Leichenbestatter richtete den zur Seite geneigten Kopf wieder gerade, faltete ihre Hände, die beim Tragen auseinandergerutscht waren, und wickelte den Rosenkranz mit den schwarzen Perlen um ihre kalten Finger. Das auf dem Rosenkranz hängende kleine Kruzifix legte er auf die beiden überkreuzten Daumen und richtete das schwarze, durchsichtige Bahrtuch zurecht, das ihre Stirn, ihre Nasenspitze und ihr bläulich gewordenes Kinn berührte. Am nächsten Vormittag, nachdem sie zunächst eine Zeitlang alleine zusammengekrümmt auf einem Sessel im Aufbahrungszimmer gebetet hatte, erhob sich die trauernde Tresl vom Stuhl, trat an den Sarg heran, legte ihre Hand auf die zum Gebet geschlossenen Hände ihrer Mutter, rüttelte daran, so daß der Sarg beängstigend zu wackeln begann, während ich einen Schritt nach hinten trat, und rief verzweifelt und sehnsuchtsvoll: »Muata! Muata!«

Die Hände der Mutter in der Küche waren blutig. Blut rann über die Anrichte hinunter und tropfte auf ihr Schuhwerk, ihre Augen waren noch immer gereizt vom Zwiebelaufschneiden. Sie weinte, aber trauerte nicht. Sie zerschnitt ein großes Stück Rindsfleisch in kleine Würfel, warf die Stücke in einen auf dem Herd stehenden Topf, ließ sie im flüssig gewordenen, heißen Schweinefett schmoren, schüttete die mit einem Wiegemesser feingehackten Zwiebeln und ungarisches Paprikapulver dazu und gab mir den Auftrag, mit dem hölzernen Kochlöffel zu rühren, damit das Fleisch nicht anbrennen konnte. Der scharfe Geruch der Zwiebel brannte in meinen Augen, auch mir rannen Tränen über die Wangen. Sie ließ mich Holz aus der Holzhütte holen, denn der Sparherd mußte ununterbrochen gefeuert werden, sie hatte einen großen Topf

Szegedinergulasch vorzubereiten für die ankommenden Trauergäste, die Totenwache halten würden, denn die Tote sollte während des Tages keine Minute alleine gelassen werden, und als Gastgeschenk Lindekaffee, Melanda-Feigenkaffee und Würfelzucker mitbrachten. Für die Trauergäste gab es nach den Gebeten für die Arme Seele einen Teller Gulasch mit frischen Semmeln von der Bäckerei Trebuch aus dem Nachbardorf Paternion. In der Folge kam niemand auf die Idee, die Wolldecke, mit der die Großmutter aus ihrem Sterbezimmer über die Stiege in die Knechtkammer getragen worden war, zu waschen. Man kuschelte sich im Winter auf dem Küchendiwan ein in den Muff der Toten. An einem besonders strengen Wintertag nahm der Vater die Decke und nagelte sie für ein paar Tage im Pferdestall vor die zerbrochenen Fenster, verstellte den beiden Zugpferden die Aussicht. Nachdem die Alte auf dem Dorffriedhof beigesetzt worden war, der Totengräber sein Werk ohne Zuschauer vollendet und über den aufgeschütteten Hügel die Kränze gelegt hatte und wir wieder im Elternhaus ankamen, leerten mein Cousin und ich die herumstehenden, halbleeren Weingläser, bis ich berauscht durchs Haus taumelte, das immer noch nach verwelkten Blumen und nach dem verwesenden Leichnam roch, und mich für zwei Stunden im Heustadel ins dampfende Heu legen und den Rausch ausschlafen mußte unter den vom Gewicht des Staubes herabhängenden Spinnweben und unter den Schwalbennestern. Wenige Tage nach dem Begräbnis wurden das Sterbezimmer im ersten Stock und das Aufbahrungszimmer im Parterre vom Onkel Hermann ausgeweißt, er war Maurer und Maler, über Jahrzehnte weißte er all unsere Zimmer auf der Enznhube aus. Die Motive – häufig waren es Spinnennetzmuster – probierte er zuerst im Inneren des am Haus angemauerten Plumpsklos aus. Gemeinsam standen der Vater und der Onkel Hermann mit hocherhobenen, auf die unterschiedlichen Motive deutenden Zeigefingern im engen Plumpsklo und einigten sich auf ein Muster. Danach tauchte der Onkel Hermann die Gummiwalze in den Farbeimer ein, rollte sie auf einem Streichgitter aus, um die Farbe gleichmäßig auf der Walze zu verteilen, und begann das Zimmer auszumalen, vom Leichengeruch und von den verwelkten Blumen zu befreien. Die letzten Reste der abgebrochenen Fichtenzweige und herumliegenden Blumenblüten, Nelken und Rosen, hatte die Schwester mit Besen und Kehrichtschaufel entfernt und auf den Misthaufen geworfen.

Wenn der Großvater mit dem weißen Oberlippenbart und mit seiner grünsamtenen, ärmellosen Jacke am Morgen in unser Schlafzimmer kam, mich und meinen jüngeren Bruder ankleiden wollte, schrie ich nach der Mutter, denn ich wollte nicht, daß mich der Großvater mit seinen kalten, faltigen Fingern berührte, die Knöpfe des Nachthemdes aus den Ösen löste und dabei mit seinen Fingerspitzen und ungeschnittenen, schmutzigen Fingernägeln meinen schneeweißen, hageren Brustkorb abtastete. Mein jüngerer Bruder, der neben mir im hohen Gitterbett stand, ließ das morgendliche Ankleideritual immer über sich ergehen, er war auch das Lieblingskind des Großvaters, das er oft auf seinem Schoß nahm, sogar Fotos dokumentieren es. Ich schrie so lange und so laut, bis der wütend gewordene Großvater den Zweikampf aufgab. Von da an kleidete der Alte morgens nur mehr meinen Bruder an und ignorierte mich. Ich wartete auf die Mutter, wartete, bis sie die Schweine im Saustall gefüttert hatte und schließlich langsam und vorsichtig mit ihren nagelbeschlagenen Stallschuhen über die Stiege ging, in unser muffiges Zimmer kam, das dann sofort nach Stall und nach kalten Erdäpfeln zu riechen begann. Einmal nahm der verbitterte, damals bereits Schlaftabletten schluckende Alte eine Schachtel voll Christbaumschmuck, die mir die Pfarrköchin, die Pfarrermarie, wie wir sie nannten, geschenkt hatte, und wollte sie auf den Müll werfen, aber ich lief ihm nach und riß dem zeternden und schimpfenden Alten meinen Christbaumschmuck aus den Händen.

Am Tag des Begräbnisses des Großvaters, der zwei Jahre vor der Großmutter starb, befahl uns der trauernde Vater – »Buben, bringt's dem Opa noch ein paar Blumen!« –, der seinen Vater bis zu seinem dreißigsten Lebensjahr gesiezt hatte, in den Garten zu gehen und Blumen zu holen. Er konnte es nicht glauben, daß sein Erzeuger und Vater tot war, er nannte den Leichnam immer noch »Opa!«. Niemals sagte er in unserer Anwesenheit »Mein Vater«, immer »Der Opa«. Im Gänsemarsch gingen wir, jeder mit einem Küchenmesser in der Hand, vor die Haustür, stießen mit unseren Köpfen an die röhrig gestreiften, außen roten, innen hellgelben Blüten der von den Bienen umschwirrten Kletterpflanze mit dem Namen »Jelängerjelieber«, die sich mit ihrem süßlichen Duft am Hauseingang bis zum Fenster im ersten Stock hochrankte, schnitten Astern und Gladiolen ab und legten sie dem Großvater in den Sarg. Einer hob das schwarze, durchsichtige Nylonbahrtuch, die anderen legten dem Verstorbenen die über einen Meter langen, verschiedenfarbigen Gladiolen auf den Körper, so daß man nur mehr sein Gesicht sehen konnte, der Patriarch, von seinen Enkelkindern mit der Blumenpracht aus dem Garten zugedeckt, schon vor dem

Begräbnis in der Senke verschwunden war. Kurz vor der Einsegnung, nachdem wir bereits die Sonntagskleider angezogen, uns *in Schale geworfen* hatten, gingen wir ins elterliche Schlafzimmer, wo die Mutter mir eine schwarze, viel zu große Nylontrauerschleife über den linken Oberarm streifte, die immer wieder von meinem Oberarm rutschte und die sie mit einer Sicherheitsnadel befestigen mußte. Ich schämte mich furchtbar, nun mit dieser Trauerschleife, für alle sichtbar, der Angehörige, der Enkelsohn des Toten zu sein, ich wollte der Leiche meines verhaßten Großvaters aus dem Weg, auch aus dem letzten Erdenweg gehen. Mit den Beinen zappelnd und weinend duldete und ertrug ich die Stigmatisierung. Immer wieder sagte ich jammernd zur Mutter: »Es paßt nicht, Mame! Es paßt nicht!«, aber sie gab nicht nach, ich mußte, wie meine Geschwister, die schwarze Schleife tragen. Während ich mit dem aufgeschulterten Totenkranz, auf dem »Deine Enkelkinder« stand, über den lotrechten Balken des kreuzförmig gebauten Dorfes neben meinen ebenfalls Kränze und Blumensträuße tragenden Geschwistern hinter dem Sarg herging, versteckte ich die schwarze Armschleife hinter den sich zur Seite neigenden langstieligen roten Nelken. »*Abkratzen*‹, das paßt gut auf den Großvater, der im Sterben damals tagelang mit den Fingern ›bergab‹ über die Kammerwand gekratzt hat.« Die bettlägrig gewordene Großmutter konnte dem Sarg ihres Mannes nicht mehr folgen. Man öffnete das Fenster ihres Schlafzimmers. Mit zum Gebet geschlossenen Händen, um die sie ihren schwarzen Rosenkranz gewickelt hatte, spitzte sie, wie es hieß, ihre Ohren, als ihr Mann im Alter von 90 Jahren vor der Tür seines Bauernhauses vulgo Enz endgültig verabschiedet wurde. Fünf Jahre später, als das Leichenbegängnis der

Großmutter bevorstand, wurden uns keine schwarzen Nylontrauerschleifen mehr angesteckt. Wir wurden auch nicht mehr in den Garten geschickt, um den Sarg mit Blumen vollzufüllen. Die Großmutter wurde auch nicht – wie der Großvater – in der ehrwürdigen »Bauernstube«, wie sie genannt wurde, aufgebahrt. Es wurde die nach Zigaretten – Austria 3 – und nach einem feuchten Strohsack stinkende Knechtstube ausgeräumt, der Boden wurde gescheuert, die Fenster geputzt, dann war der Weg frei für Sarg Nummer zwei und Leichnam Nummer zwei. »Seppl! Geh zum Knapp und bring mir eine Packung Dreier!« sagte der Knecht oft zu mir. Und es war für mich ein Genuß und eine Erlösung, als ich vor dem offenen Grab des Großvaters – wie es üblich war – die Totenhaut der schwarzen Nylonschleife von meinem Oberarm streifen und mit dem Weihwasser und einem Patzen Friedhofserde ins offene Grab auf den Sarg hinunterwerfen konnte.

In der Kanzlei meiner Großeltern mütterlicherseits, wo an einer Wand die silbern eingerahmten Schwarzweißbilder der im Zweiten Weltkrieg im jugendlichen Alter gefallenen drei Brüder meiner Mutter hingen, nahm ich einmal vom Schreibtisch meines Onkels eine Anzahl ungestempelter Briefmarken, ging in die menschenleere Küche, benäßte die gummierten Seiten mit meinem Speichel und legte sie auf die große, heiße Platte des Sparherds, der die Küche wärmte und auf dem gekocht wurde. In der Mitte der Herdplatte, wo durch ein kleines, rundes Loch dann und wann eine orangegelbe Flamme hochzüngelte, besonders, wenn die Küchentür schwungvoll geöffnet wurde, ging auf der gezackten Briefmarke der Kopf des österreichischen Bundespräsidenten Adolf Schärf sofort in Flammen auf. Ich fand Gefallen am Spiel und ließ in Sekundenschnelle die auf den Briefmarken abgebildeten Kirchen, Berge, Schlösser und die Köpfe des Erfinders der Wasserturbine, Viktor Kaplan, und der Dichterin der österreichischen Bundeshymne, Paula Preradović, in den gefräßigen Stichflammen verschwinden. Ein paar Tage später, als ich der Essen vorbereitenden Mutter gegenüber eine Bemerkung machte, daß ich Briefmarken gefunden hätte und wir nun Briefe an den Nikolaus und ans Christkind schreiben könnten, sagte sie, ohne mich zur Rede zu stellen, nur »Ach, ja!«, nahm die Züchtigungsrute, die neben der Kücheneingangstür auf dem Garderobenhaken lag, wo an einen roten Pfropfen der Vater seinen speckigen Hut hängte, bevor er sich in der Küche an den Tisch setzte. Die Birkenrute mit dem roten Stoffband in der Hand haltend, rief sie in strengem Tonfall: »Hose hinunter!« Ich knöpfte zitternd die elastischen Gummihosenträger auf, die wir »Hosenleiter« nannten, öffnete langsam die Knöpfe auf dem Hosenschlitz, ließ die Hose über die Oberschenkel hinunterrutschen und begann, während die Mutter die schwarze, nach Urin riechende Kinderunterhose mit einer Handbewegung hinunterstreifte, vor Angst zu winseln und zu jammern. Sie rief im Befehlston »Leg dich über den Stuhl!« Sie schlug die geschmeidige Birkenrute so lange auf meinen bloßen Hintern, bis ich den Schweiß ihrer Anstrengung roch. Die Zähne zusammengebissen, das Gesicht hochrot, starrte ich auf den Küchenboden und hielt mich mit den zitternden Händen an den Füßen des Stuhls fest. Nach der langen Züchtigung – es war die längste meines Lebens – hatte ich solche Schmerzen an meinen Hinterbacken, daß ich nur mehr langsam und breitbeinig gehen konnte. Links und rechts neben dem Stuhl lagen die abgesplitterten Rutenteilchen. Ich schlich mich ins Bett, tauchte erst am frühen Abend wieder auf und setzte mich zerknirscht unter dem Herrgottswinkel auf die Küchenbank. An den spöttischen Gesichtern meiner Geschwister konnte ich ablesen, daß sie Bescheid wußten, daß sie eingeweiht waren.

Am Abend, nach dem Betläuten, als es an der Zeit war, ins Bett zu gehen, hatte ich Angst, mich zu entkleiden, ließ verschämt die Hose hinunter, aber einer meiner Geschwister nützte eine Gelegenheit und riß mein weißes Nachthemd mit den Kotflecken in die Höhe und rief: »Er hat blaue Würste am Arsch!« Ich schämte mich und verkroch mich zornig unter der Bettdecke. Am nächsten Morgen zog ich meine schwarze Unterhose, die wir nur wöchentlich wechselten, samstags nach dem Baden in der Schwarzen Küche, schon unter der Bettdecke an. Auf der Schulbank wetzte ich auffällig hin und her. »Kannst du nicht endlich ruhig sitzen und dich auf die Schularbeit konzentrieren!« rief der Lehrer. Ich verbiß die Schmerzen und drückte den Bleistift stärker aufs Schulheft, bis die Bleispitze abbrach und ich mit Tränen in den Augen den Stahlspitzer an den Bleistift ansetzte und lange auf die hauchdünne Spitze meines Schreibwerkzeuges schaute. Zwei, drei Tage lang dauerte es, bis die Wunden von den scharfen Knoten an der Birkenrute an meinem Hintern verheilten und ich keine Schmerzen mehr verspürte. Die roten Striemen blieben noch lange auf meiner Haut, täglich betrachtete ich sie im Spiegel, wenn ich mich alleine in der Küche wußte, wenn die Mutter im Gemüsegarten an der Kirchenmauer arbeitete und sich dann und wann nach den über die Friedhofsmauer aufs vergiftete Gemüse schauenden auferstandenen Toten, denen vor Appetit das Wasser im Mund zusammenrann, umdrehte, der Vater, vertieft in ein Selbstgespräch, auf dem Feld mit dem schwarzen Zugpferd »Onga« und mit dem Pflug seines Weges ging, die Brüder und die Schwester noch in Feistritz in der Hauptschule waren, ehe sie mit tintenbekleckssten Händen, nach dem muffigen Klassenzimmer und nach Kreide riechend, nach Hause kamen, ihre Lederranzen in die Ecke warfen. Zufrieden war auch der spöttisch nickende und mich lange nicht aus den Augen lassende Onkel, als ich eine Woche später, auf Pfaufederjagd, an seinem Hof auftauchte und sich unsere Blicke trafen.

Als ich im indischen Pune, über meine Mutter schreibend, in einem Garten zwischen den stark duftenden, buschigen orange- und gelbfarbenen Tagetesblüten einen langsam und majestätisch, aber doch schwerfällig vorwärts schreitenden Pfau mit ausgebreiteter Federkrone sah, dessen Füße sich beim Gehen in Plastikabfall verfangen hatten und den man mit einem Netz einfangen mußte, um ihm die angesammelten Plastikfetzen von seinen Füßen zu zupfen, fiel mir ein, daß ich oft ins bäuerliche Großelternhaus mütterlicherseits ging und im Stall, im Schuppen und auf der Tennbrücke nach Pfauenfedern suchte. Fand ich keine, näherte ich mich unauffällig dem vor der Haustür Getreidekörner aufpickenden Pfau, den der Großvater zu einem runden Geburtstag von der Oberkärntner Molkerei, deren Vorstand er einmal war, geschenkt bekommen hatte, faßte ihn an der Schleppe und riß dem schreienden Vogel ein paar an den Spitzen noch blutige Federn aus. Gemeinsam steckten die Mutter und ich im elterlichen Schlafzimmer unter dem phosphoreszierenden, in der Nacht grün leuchtenden Kruzifix die Pfauenfeder hinter das bahrtuchsilbern eingerahmte Brustbild ihrer früh verstorbenen Mutter, die im Zweiten Weltkrieg drei Söhne im jugendlichen Alter verloren hatte, von denen sie einen, der in Jugoslawien gefallen war, auf dem Kameringer Friedhof begraben konnte, die anderen blieben auf den Schlachtfeldern in Rußland liegen, einer »am Ladogasee«, der andere in der Nähe der Stadt »Nebel«, wie es immer hieß. Oft war vom »Ladogasee« und von der Stadt »Nebel« die Rede, besonders zu Allerheiligen und Allerseelen und zu Weihnachten, wenn der Vater vor der Bescherung unter dem leuchtenden Christbaum zu beten begann und nie die drei Brüder meiner Mutter vergaß, die er hatte aufwachsen sehen.

Mutter und Vater standen am Gitterbett, als mir als Kleinkind einmal der Doktor Plank eine Penicilinspritze injizieren mußte, es war offenbar nicht das erste Mal. Noch ehe er die Nadel ansetzte, sagte ich zu ihm: »Schleich dich!« und trat im Gitterbett einen Schritt nach hinten. Diese Anekdote geisterte jahrzehntelang, begleitet vom Gelächter des Vaters, durchs Haus, besonders, wenn der Arzt wieder zu Besuch kam und Zeit hatte für einen Kaffee mit Marmorkuchen. Immer wenn der Vater davon erzählte, war er stolz auf meine kindliche rebellische Haltung, aber er schätzte es gar nicht, wenn ich mich später ihm gegenüber auflehnte, mich querlegte. Einmal schlug er mich so sehr, daß meine Nase heftig blutete, das Blut über mein Kinn rann, auf Hemd und Boden tropfte, sich die Mutter zwischen uns stellte und rief: »Wirst du den Buben erschlagen?!« Mit seinem staubigen und vom Rotz hart gewordenen Taschentuch wischte er mir das Blut von Nase und Mund. Als ich Reue und Angst im Gesicht des Vaters sah, war ich stolz auf ihn, hätte ich ihn am liebsten umarmt, wollte mich ihm zu Füßen werfen und mich an seinen Beinen festhalten, als er sich umdrehte und hinausging, mich mitschleifen lassen auf dem Boden, bis zur Jauchegrube hin.

Im kleinen Gemischtwarenladen hatte ich erfahren, daß im Nachbardorf ein uns allen bekannter, mütterlicherseits entfernt verwandter sechsjähriger Junge von einem Auto tödlich überfahren worden sei, der sich am Straßenrand von der Hand seiner Großmutter losgerissen hatte und einfach auf die Straße hinausgelaufen war. Die Mutter ließ an der Küchenanrichte den Kochlöffel fallen und rief: »Mein Gott, na! Mein Gott, na!« und schaute mich, den Überbringer der Schreckensnachricht, traurig und besorgt an. Auf einer Wiese lag das tote, mit braunem Packpapier zugedeckte Kind. Nachdem der Arzt den Kampf aufgegeben und ein Kreuzzeichen über Stirn, Lippen und Brust geschlagen hatte, hob der Vater des Kindes den Leichnam auf und ging mit ihm aufs nahe gelegene Haus zu. Rhythmisch bewegten sich beim Gehen die Unterschenkel des Kindes, die hinunterpendelnden Gummihosenträger senkten und hoben sich bei jedem Schritt. Am nächsten Tag, nach der Stallarbeit, packte die Mutter Linde-Kaffee, Melanda und Würfelzucker in einen Korb und ging zur Totenwache. Ich durfte sie nicht begleiten, liebend gerne hätte ich sie heimlich in der Finsternis an der Hand ins Totenhaus geführt. »Bleib lieber daheim!« sagte sie. Ich wartete lange auf sie, ich ging nicht schlafen. Als sie nach zwei Stunden zurückkam, war sie vollkommen bleich im Gesicht, sagte kein Wort mehr, ging in ihr Schlafzimmer, nicht einmal mehr einen Gutenachtgruß brachte sie über die Lippen. Obwohl es auf meiner Kinderzunge lag, hatte ich nicht den Mut, sie zu fragen, wie denn das Kind ausgeschaut habe auf der Bahre, wie man es zurechtgerichtet und geschmückt habe für die Himmelfahrt und dann für den sicheren Himmelboden, wo es flanieren konnte zwischen den prachtvollen, parfümierten und mit ihren Flügeln Wind machenden Engeln – der eine schöner als der andere – und wohin auch ich so gerne wollte: »In den Himmel will ich kommen fest hab ichs mir vorgenommen mag es kosten was es will für den Himmel ist mir nichts zuviel!« betete ich laut im Bett kniend unter dem Bild, auf dem ein Engel ein Kind über die Brücke begleitet. »War der Sarg weiß?« fragte ich die immer noch verstörte Mutter einen Tag später. – »Ja!« – »War das Bahrtuch weiß und durchsichtig!« – »Ja!« – »War *es* offen aufgebahrt!« – »Ja!« – »Hatte es einen Blumenkranz auf dem Kopf?« Sie gab keine Antwort mehr, stand auf und ging über die sechzehnstufige Stiege hinauf in ihr Schlafzimmer und kam erst nach ein paar Stunden wieder. *»Ein anderer Schutzengel: die Illusion (Augenschutzengel, Raumengel) (Sag statt ›Schutzengel‹ ruhig ›Gnade‹)«* In den schwarzen Ministrantentrauerkleidern, den Weihwasserkessel haltend, stand ich beim Begräbnis neben dem Pfarrer Franz Reinthaler, als mit langen Hanfstricken, die mit weißen und gelben Tagetesblüten geschmückt waren, der kleine, weiße, in der Luft hängende und schwankende Sarg ins ausgehobene Erdloch gehievt wurde. Das schrecklichste Geräusch meines Lebens verursachten die am Sarg schleifenden Hanfstricke, die nach der Absenkung des Sarges wieder aus dem Grab gezogen wurden. Mehrmals spritzten der Pfarrer und die Ministranten mit dem Weihwasserwedel das Weihwasser auf den Sarg hinunter. Schwer und laut, als wollten wir noch einmal anklopfen und nachfragen, ob alles in Ordnung sei, fielen die Weihwassertropfen auf den weißen Sarg und versanken im Blumenbukett mit den vielen weißen Rosen. »Herein!« sagte das tote Kind vor dem

Einschlafen immer wieder zu mir, »herein!«, bis ich mich im Bett hin und her wälzte und »herein!« murmelte, »herein!«.

Besonders im Winter verließ ich um vier oder fünf Uhr morgens die Kammer, in der ich mit meinen vier Geschwistern schlief – mit meinem jüngeren Bruder mußte ich jahrelang ein Bett teilen, aber immerhin hatte jeder ein Kopfkissen –, legte mich im elterlichen Schlafzimmer unter dem Heiligenbild der Madonna sulla seggiola von Raffael zwischen Mutter und Vater und starrte lange, ehe ich einschlief, aufs dämonisch giftgrün leuchtende und mir den Weltuntergang vorhersagende Kruzifix, das über dem Wäscheschrank über dem silbern eingerahmten Brustbild der verstorbenen Mutter meiner Mutter hing und das wieder den Kopf verdreht hatte, zu mir, zu den Eltern und zum über dem Ehebett hängenden großen, schweren Heiligenbild mit der Madonna sulla seggiola von Raffael hin. Wenn die Eltern in aller Frühe aufstanden, um in den Stall zu gehen, legte ich mich ins Bett der Mutter und betrachtete die Blutflecken, die ich öfter in der Bettmitte auf der groben Flanell-Bettwäsche fand. Die Mutter blutet, der Vater nicht! Und ich fragte mich, wann sie denn nun endgültig verbluten wird, wann es *vorbei*, wann es *aus* sein wird? Dann und wann, wenn wir nebeneinander unter der tickenden Küchenuhr und unter dem eingerahmten Familienbild saßen, legte ich in der Hoffnung, ihr Blut zu riechen, meinen Kopf auf ihren Schoß, aber ihre Schürze roch immer nach Erdäpfeln, nach frisch gemahlenem Getreide, nach Petersilie oder Maggikraut.

Monatelang weinte ich vor dem Einschlafen unter dem Schutzengelbild heimlich unter der Bettdecke um die Mutter, dachte daran, daß sie eines Tages, wann auch immer, vielleicht auch erst in Jahrzehnten, werde sterben müssen. Das erbärmliche Schluchzen konnte ich auch vor meinen dann und wann murrenden, den Schlaf suchenden Brüdern nicht verbergen. Wenn das Kopfpolster naß war, schlief ich schließlich vor Erschöpfung ein und wachte am nächsten Morgen mit geschwollenen und geröteten Augen, oft mit zusammenklebenden Augenlidern auf, ging zur Frühmesse, warf den roten Ministrantenmantel um meine Schultern und begann, für sie vor dem Altar zu beten. Abends, wenn ich durch die Zwischenwand – die Wand im elterlichen Schlafzimmer war mit braunem, die Wand im Kinderzimmer mit froschgrünem Spinnenmuster bemalt – die Mutter im elterlichen Schlafzimmer herumkramen hörte, kniete ich mich unter dem Schutzengelbild auf das Kopfkissen, betete so laut das Schutzengelmein laß mich dir empfohlen sein steh in jeder Not mir bei halte mich von Sünden frei führe mich an deiner Hand ins himmlische Vaterland, daß es die Mutter durch die Zwischenwand, von Spinnennetz zu Spinnennetz, in ihrem Zimmer hörte. Am nächsten Tag sagte sie vorwurfsvoll zu meinem jüngeren Bruder: »Der Seppl betet vor dem Schlafengehen und du nicht! Nimm dir ein Beispiel!«

In der Küche stand in der »Anrichte«, wie der Schrank, auf dem sie Schnitzel klopfte, manchmal aus ihrer Hand rollende heiße Erdäpfel schälte, Zwiebel und Knoblauch zerkleinerte, genannt wurde, neben Zucker und Kaffee immer eine grüne, gefüllte Weihwasserflasche. Die Mutter verließ die ratternde Nähmaschine, hockte sich vor der Anrichte nieder, schob stöhnend die schwere Tür auf, nahm einen Schluck Weihwasser und sprach »Durch die Kraft Gottes, die in diesem Weihwasser wirkt, segne mich, segne meine ganze Familie ...«, worauf ich als Erzministrant, wie es mir der Pfarrer aufgetragen hatte, den Bleistift in der Hand, antwortete: »Dein Glaube hat dir geholfen!«, ehe sie erneut den weißen Zwirnfaden mit ihren Lippen befeuchtete und mit zusammengekniffenen Augenlidern die Spitze durchs Nadelöhr der Nähmaschinennadel schob. Einmal donnerte der vom Tischler nicht sorgfältig montierte, schwere Küchenwandschrank auf die Anrichte hinunter, zu Boden. Das gesamte Eß- und Kaffeegeschirr zerschellte, niemand stand in diesem Augenblick vor der Anrichte, ich war mit dem Kinderwagen unterwegs, in dem der Nachzügler lag. Als ich mit dem jüngsten Bruder von meinen Spaziergängen in den Auen und vom Flußufer, wo ich dünne, handtellergroße Steine über die Drau blätterte und Wildgänse aus dem Schilf vertrieb, nach Hause kam, war das Gerümpel bereits weggeräumt, ich sah keine Spur mehr davon, ich suchte die Geschirrscherben, aber der Tischler hatte alles auf einen Anhänger geladen und mitgenommen. In den immer noch erschrockenen Gesichtern der Eltern konnte ich ablesen, daß sie froh waren, daß sich in diesem Augenblick niemand in der Küche aufgehalten hatte, vor allem das Kleinkind nicht, es wäre unter der Wucht des Kastens und dem schweren Porzellangeschirr wohl begraben worden. Als Erzministrant, der zu allen Kästen in der Sakristei, selbst zum Tabernakel Zugang hatte, brachte ich der Mutter einmal eine halbgefüllte Schachtel Oblaten nach Hause. »Bring sie wieder zurück, sie sind noch nicht geweiht!« sagte sie. Ich setzte mich aufs Plumpsklo, aß die Hostien auf, zerbiß einen Stoß Leiber Christi und ließ die braune Schachtel in den stinkenden Schlund hinunterrutschen, wo besonders im Hochsommer Würmer aus dem Loch krochen und wir, bevor wir uns hinsetzten, immer die breit ausbetonierte, nach Fäkalien riechende Öffnung kontrollierten, da wir Angst hatten, daß die hinaufkriechenden Würmer mit den Gesichtszügen der herrschsüchtigen Dorftoten, die sich immer noch einmischen wollten in unser Leben, das naturgemäß ihnen gehörte, bereits ganz oben beim Sitzbrett angekommen sein könnten. Nicht selten schüttete ich, bevor ich mich aufs Klo setzte und das harte Zeitungspapier zu zerknittern begann, einen Blecheimer voll Wasser in den Schlund und schwemmte die Würmer und ihre Geister in die Jauchegrube zurück. Ein anderes Mal, lange bevor die Messe begann und der Pfarrer noch in weiter Ferne war, der Mesner hatte die Kirche schon aufgesperrt, schlich ich mich in die Sakristei, nahm den Schlüssel aus dem Sakristeikasten, öffnete den Tabernakel und nahm eine Faustvoll geweihter Hostien aus dem goldenen Kelch. Lange betrachtete ich das Tapetenmuster im Tabernakel, dem Aufbewahrungsort für die geweihten Hostien, mit den vielen kleinen goldenen Kreuzen zwischen den ebenfalls aufgedruckten violetten Brombeerfrüchten, ehe ich den goldenen Schlüssel umdrehte und in der Sakristei im schwarzen Kasten verschwinden ließ.

Die Tante »Nane« aus Vorarlberg, die jüngste Schwester meiner Mutter, die öfter zu Besuch nach Kärnten kam, jedenfalls solange der Großvater mütterlicherseits noch lebte, erzählte mehrmals, daß sie mich bereits als einjähriges Kind immer mit einem Bleistift in der Hand angetroffen habe. Eigentlich wäre ich Linkshänder geworden, aber wenn mich die Mutter beim Kritzeln, Zeichnen, später in der Schule beim Buchstabieren und Schreiben sah, nahm sie mir den Bleistift aus der linken Hand und steckte ihn zwischen Daumen und Zeigefinger meiner rechten Hand, so lange, bis ich den Kampf aufgab und mit der rechten

Hand zu schreiben und zu malen begann. »Wirst du wohl den Bleistift in die *schöne Hand* nehmen!« rief sie, wenn sie sich an der Anrichte, Petersilie und Maggikraut zerhackend oder blutiges Fleisch zerstückelnd, nach mir umschaute. Manchmal sagte sie einfach: »Wirst du wohl ...?« Dann wußte ich, was ich zu tun hatte. Es genügte auch, wenn sie, Teig knetend, sich nach mir umdrehte und, den teigigen Zeigefinger in die Höhe haltend, in strengem Tonfall rief: »Seppl!« *Etwas weit von sich legen: das Messer; etwas nah zu sich legen: den Bleistift ...* « lese ich in den Aufzeichnungen »Gestern unterwegs« von Peter Handke.

Dann und wann schickte sie mich in den kleinen Gemischtwarenladen, der am Ende des waagrechten Balkens des kreuzförmig gebauten Dorfes stand, ich sollte für sie zehn Dekagramm Schinkenwurst kaufen, die sie sich ab und zu als Delikatesse gönnte. Ich unterhielt mich lange mit der jungen Verkäuferin mit dem auftoupierten, nach Pomade riechenden Haar mit dem Firmennamen *Fit* oder *Flott,* einer ständig den rosaroten Bazooka-Kaugummi kauenden Schulkollegin meiner Schwester, roch an den auf einem Tablett nebeneinanderliegenden geräucherten Heringen, schaute lange ins verbrutzelte Gesicht der Fische, in ihre hohlen schwarzen Augen, starrte so lange auf die mit Kokosflocken überstreuten Schwedenbomben der Firma Niemetz, auf das Bild mit dem kleinen Konditor, der eine überdimensionale Schwedenbombe auf seine Brust drückt, bis mir die Verkäuferin eine Schwedenbombe schenkte mit den Worten »Aber halt ja den Mund«. Auf dem Rückweg reduzierte ich das Schinkenwurstpaket um die Hälfte, alle zehn Meter nahm ich ein Blatt heraus, verbot mir, noch eines zu nehmen, aber kaum war ich wieder ein paar Schritte gegangen, öffnete ich wieder gierig das

Papier. Die Mutter bemerkte es schon am zerknitterten Fettpapier, schaute mich zuerst neugierig, dann mitleidig an, stöhnte leise, sagte aber kein Wort. Sie beklagte sich nie, machte nie Vorwürfe. Jeden Samstag briet sie in einer schweren schwarzen Pfanne in kochendem Schweinefett die Krapfen aus, die sie dann noch warm mit ebenfalls warmem Apfelmus zum Mittagessen reichte und die wir auch die Woche über, morgens und abends, zum Linde- und Melandakaffee bekamen. Nur einmal im Jahr, zum Kameringer Kirchtag, freuten wir uns auf die langweilig schmeckenden Krapfen, denn sie mischte sparsam Vanillepulver in den Krapfenteig, sie hatten eine schönere Farbe, einen besseren Geschmack, vor allem roch es in der Küche feierlicher, denn das »Kirchweihfest«, wie es der Pfarrer nannte, stand bevor.

Bei einem Mittagessen – noch in der alten Küche – verweigerte ich einmal die angerichtete Kost, nahm aber ein Stück Brot nach dem anderen aus dem Bastkorb, den ich in der Schule geflochten und der Mutter zum Muttertag geschenkt hatte mit einem Strauß Vergißmeinnicht, zerbröselte es unter der Tischplatte, ließ die Brotstücke zwischen meinen Oberschenkeln auf den Boden fallen und schob sie mit dem Fuß zur Seite, dorthin, wo meine Brüder saßen. Ich mußte beim Mittagessen immer zwischen meinen Eltern sitzen, ich war eingeklemmt zwischen Mutter und Vater, es war eine Disziplinierungsmaßnahme, nur beim Frühstück und Abendessen konnte ich meinen Platz frei wählen. »Da gehörst du her!« sagte der Vater einmal und deutete auf den Platz zwischen ihm und der Mutter. Als nach dem Essen alle aufbrachen und zur Arbeit gingen, schlich ich mich aus dem Haus und versteckte mich auf einem Heustock unter den staubigen Spinnweben und Schwalbennestern, bis man im Hof, zwischen Haus und Stall, mehrmals laut nach mir rief. Ich hatte den Ruf erwartet und spitzte im Heunest die Ohren. An der Küchentürschwelle lag fein säuberlich ein Haufen mit einem Besen zusammengekehrter Brotkrümel. Man fragte mich erst gar nicht, ob ich es oder ob es vielleicht jemand anderer war, der diese Schandtat mit dem Brot begangen hatte, und es hieß: »Das nächste Mal kriegst du Schläge, bis du blaue Würste am Arsch hast!« Oder: »Ich salz dir den Hintern ein!« Oder: »Ich versalz dir den Hintern!«

Als ich einmal tagelang Zahnschmerzen hatte, fuhren die Mutter und ich mit einem Boot, mit der sogenannten »Überfuhr«, ans andere Ufer der Drau, nach Ferndorf, wo auf dem Gelände des Heraklithwerkes der Doktor Plank seine Ordination unterhielt. Das Boot hing an einem dicken Drahtseil, das am einen und anderen Ufer an pyramidenförmigen Betonpfosten befestigt war. Am Kameringer Ufer schlugen wir mit einem Klöppel mehrmals auf ein rostiges, zackiges Kreissägeblatt, bis eine Frau auf der anderen Flußseite aus einem kleinen, einstöckigen rosaroten Haus trat, ins Boot stieg und kam, um uns ans andere Ufer der Drau zu rudern. Vom Doktor Plank, der mir im Unterkiefer zwei Zähne zog, bekam ich Vollnarkose. Das Ordinationszimmer, in dem ich mehrere mit medizinischen Utensilien ausgestattete Glaskästen sah, roch nach Äther. Die Assistentin legte mir eine Plastikschürze um und drückte mir, ohne ein Wort zu sagen, einen feuchten, stinkenden Wattebausch an die Nase. Ich verlor die Mutter und den sich über mich beugenden Doktor Plank aus den Augen. Als ich wieder aufwachte, rann Blut über meinen Unterkiefer und tropfte leise auf die beigefarbene Plastikschürze. Und als wir dann wieder im Boot saßen, hatte ich die Hoffnung – mit Blutgeschmack im Mund, die Zunge bohrte ständig in der Wunde –, daß das Boot im Wasserstrudel der Drau untergehen und die Mutter und ich gemeinsam ertrinken und alle anderen, meine Geschwister und den verhaßten Vater, alleine zurücklassen würden. Ich hatte die Hoffnung, daß man uns gemeinsam in einen Sarg legen werde.

Wenn der Doktor Plank vom anderen Ufer der Drau kam, gingen sie immer in den ersten Stock, in ihr Schlafzimmer, da sie ihre Brust nicht mehr in der Küche, in Anwesenheit der Kinder, entblößen wollte, denn einmal hatte ich mich dem Arzt und der Mutter genähert und schaute neugierig auf ihre über die Hemdsknöpfe hinuntertrippelnden Finger. Als ich den Arzt eine Zeitlang später über den Dorfhügel kommen sah, schlich ich mich vorsichtshalber ins Schlafzimmer der Eltern und legte mich unters staubige Doppelbett, das aus dem Nußbaumholz ihres Elternhauses gezimmert worden war, man hatte eine Zeitlang vor der Hochzeit den großen Nußbaum gefällt und dem Tischler übergeben. Den Atem anhaltend, stellte ich mir unter dem Lattenrost vor, wie der kleinwüchsige, weißhaarige Doktor Plank die Brüste meiner Mutter abtastete. Als er das Schlafzimmer wieder verlassen hatte, kroch ich mit Staubflocken im Haar unter dem Bett hervor. Die überraschte Mutter warf mir zuerst einen irritierten Blick zu, fühlte sich ertappt, wurde verlegen und rot im Gesicht, sagte aber – wie immer – kein Wort. Schuldbewußt, aber auch mit dem seltsamen und eigenartigen Gefühl, Macht über sie zu haben, schlich ich mich davon, ging in die Auen, ans Ufer der Drau und blätterte Steine über den Fluß.

Nach tagelangen, schweren Regenfällen, als der Dorfbach über die Ufer trat, während meine Eltern und meine Brüder auf dem Feld arbeiteten, rann das braune aufgewühlte Wasser zur Vorderseite des Hauses hinein, in den Erdäpfelkeller hinunter und an der Rückseite hinaus in den Stall. Die Kühe standen knietief im Wasser. Der Großvater rettete im Schweinestall die schwimmenden Ferkel. Meine Schwester und ich knieten in der alten Küche unter dem Herrgottswinkel, schauten aus dem Fenster auf den immer bedrohlicher überquellenden Bach, weinten und beteten hastig mit zitternder Stimme das Vaterunser, das Schutzengelmein und das Gegrüßetseistdumaria. Ich hatte beim wollüstigen Beten mit zitterndem Unterkiefer die Hoffnung, daß die ganze Welt untergehen werde, wir lasterhafte Menschen, wie uns der Pfarrer Franz Reinthaler nannte, von der Sintflut vernichtet werden. »Gott sprach: Ich will die Menschen vertilgen!« donnerte er, ängstlich angestarrt von den Gläubigen, von der Kanzel in den totenstillen Kirchencorpus hinein. *»Die islamischen Engel: die (Auf)›Schreiberengel‹, die der Beter nach beiden Seiten grüßt, für seine guten und seine bösen Taten; und auf den Steinsitzen über den Grabstelen hocken die beiden FRAGE-ENGEL, welche gleich nach der Bestattung die Bekenntnisformeln abhören«.* Als die Eltern mit dem plitschnaß im Hof einlaufenden, den Kopf hin- und herwerfenden schwarzen Pferd Onga, dem Schaum vom Maul tröpfelte, nach Hause kamen, eilte die Mutter zuerst ins Haus, riß die Küchentür auf, blieb, aufatmend, an der Schwelle stehen und nahm mich in die Arme. Der Vater lief zuerst, ohne sich um die Kinder zu kümmern, in den Stall, half dem Großvater beim Retten der Ferkel und trieb laut fluchend mit einer Peitsche die Kälber auf, die im knietiefen

Wasser liegengeblieben waren. Nach dem Regen, nachdem Mutter und Schwester das restliche braungefärbte Überschwemmungswasser mit einem Besen aus dem Flur gekehrt hatten, sammelte ich an der Kellerstiege mehrere grüne und braune Krebse ein, legte sie in eine vollgefüllte Waschschüssel, berührte, schnell zurückzuckend, die Scheren ihrer vorderen Beinpaare, klopfte mit dem Zeigefingerknöchel auf ihre dicken Panzer und betastete mit der Fingerspitze die nervösen und empfindlichen Antennen der in der Waschschüssel von der einen zur anderen Seite flüchtenden Tiere.

Ich wußte nie, was die Mutter damit sagen wollte, wenn sie meinte, daß ich »katzenbleich« sei, rätselte oft über dieses Wort, wagte aber auch nie, sie danach zu fragen. Ich begriff auch nicht, was denn an unseren grauen, schwarzen und rötlichen Katzen katzenbleich sein sollte, als ich Eisentabletten bekam und man von meiner Blutarmut sprach, ich also womöglich weniger Blut in meinen Adern hatte als meine Geschwister. Man nannte mich die »Gespiene Gerste!«, ein lang gekautes und dann ausgespucktes, unappetitliches Getreidekorn. Und da ich, wie es hieß, katzenbleich war und tiefe Ringe unter den Augen hatte, schickte man mich einmal zur Erholung in ein Kinderlager nach Ledenitzen, unweit von Villach. Der Vater hatte eine Annonce in der Wochenzeitung »Der Kärntner Bauer« gefunden, die Bauernkrankenkasse zahlte den vierzehntägigen Aufenthalt. Mit einer Reisetasche in der Hand gingen die Mutter und ich in Kamering zur Omnibushaltestelle und fuhren nach Villach. Gegenüber dem Bahnhof, wo sich Eltern und Kinder versammelten, stieg ich in einen bereitgestellten Omnibus, der uns ins Erholungsdorf bringen sollte. Aus dem Omnibus schauend, sah ich, daß die

Mutter ein Taschentuch an Augen und Nase drückte und mich hinter der spiegelnden Omnibusfensterscheibe suchte. Als der Omnibus losfuhr, winkte ich ihr zu, zaghaft hob sie die Hand, ihre Lippen zitterten. Wenige Tage nach der Ankunft in Ledenitzen erfuhren wir beim Frühstück von der Heimleitung, daß es in der vergangenen Nacht einen fürchterlichen Brand im Dorf gegeben habe, ein Heustadel zur Gänze eingeäschert worden sei. Eine Stunde später standen alle Zöglinge beglückt vor den schwarzen, noch rauchenden, verkohlten Trümmern des Heustadels, den schwarzrippigen, quer übereinanderliegenden Holzbalken, der heißen, da und dort noch glühenden Asche und betrachteten die in der Weide grasenden Kühe, die schwarze Rußflecken auf ihrem Fell hatten. Aus den Augenwinkeln schauten wir Zöglinge, die Reste der Frühstücksmarmelade in den Mundwinkeln, einander ins Gesicht, der eine verdächtigte den anderen, den Brand gelegt zu haben.

Mit meiner Taufpatin Tresl, die mir einst, als ich drei Jahre alt war, im Aufbahrungszimmer das Totenantlitz der Mutter meiner Mutter zeigte und mich später, als sie ihre nackte, mit auseinandergespreizten Beinen im Bett liegende tote Mutter säuberte und ich in der Türöffnung auftauchte, aus dem Zimmer wies, fuhr ich einmal mit dem Omnibus nach Villach, ins Krankenhaus. Ich fuhr empört zurück, als mir die Krankenschwester mit einem Stift, aus dem eine Nadel vorzuckte, in meinen rechten Zeigefinger hineinstach und mein herausquellendes Blut, den Finger drückend, auf eine rechteckige Glasscheibe tropfen ließ. Bevor wir wieder in den Omnibus stiegen und zurück ins Dorf fuhren, gingen die Tresl und ich mit einem Rezept, auf dem, wie ich es mir stolz vorstellte, meine

Krankheit aufgeschrieben stand, in die Villacher Bahnhofsapotheke. Als ich die Hände auf die Apothekertheke legte – mein Kopf überragte nur wenige Zentimeter den Verkaufsschrank –, klopfte der Apotheker scherzend auf meine Finger mit den schmutzigen Fingernägeln. Ich erschrak, zuckte zurück mit hochrotem Gesicht und lachte verlegen. Der Apotheker schenkte mir eine in einer Schachtel schön verpackte Zahnpasta, eine Blend-a-med, die erste Zahnpasta meines Lebens. »Sag schön danke!« sagte die Tresl streng zu mir und schaute dabei dem Apotheker unterwürfig ins Gesicht. Als Medizin für meine Blutarmut, wie sie bezeichnet wurde, bekam ich fleckige und stinkende Eisentabletten, die mich besonders mit meiner Mutter verbanden, denn nur sie und ich durften *Tabletten nehmen*, sonst keiner.

»Die Nerven!« sagte die Mutter öfter und stöhnte leise, »die Nerven sind ein Teufel!« Ich stellte mir ganz dünne, lianenhaft in ihrem Körper herumhängende Stränge vor, die noch dünner und empfindlicher waren als bei anderen Müttern im Dorf. Jahrzehntelang bekam sie vom Arzt Psychopharmaka. Vor der Abfahrt des Omnibusses nach Spittal an der Drau, wo ihr »Nervendoktor« ordinierte, saß sie oft über eine halbe Stunde lang *wie ein geschlagener Hund* auf der Küchenbank unter dem Ticktack der runden, jahrzehntealten Küchenuhr und unter dem eingerahmten Familienbild aus den Sechzigerjahren, als die Großeltern noch lebten, auf dem man auch das erste kleine Radio abgebildet sah, das der Onkel Hans, der Konditor aus Klagenfurt, der immer mit einem Mercedes bei seinem Elternhaus vorfuhr, seinen Eltern geschenkt hatte, bevor sie dann rechtzeitig mit ihrer schwarzen Tasche langsam den Dorfhügel hinauf zur Omnibushaltestelle ging und zu ihrem Nervendoktor fuhr. Bei einem notwendig gewordenen Tablettenwechsel sagte der Arzt einmal: »Komm nur, wir werden dich schon wieder *aufhellen*!« »Aufhellen!« war das Zauberwort, dem sie in ihrer Ahnungslosigkeit immer folgte, denn »die Nerven sind das Schwierigste!« soll der Arzt immer wieder zu ihr gesagt haben. Auf das Familienbild aus den Sechzigerjahren schauend, sehe ich, daß links und rechts neben dem kleinen Radio zwei Vasen stehen mit den eingefrischten Zweigen des stark duftenden *Jelängerjelieber*, die man beim Hauseingang abgebrochen hatte. In der Ecke unter dem Herrgottswinkel stehen in einer Vase die langen, im Angesicht des Gekreuzigten sich vor Schmerz biegenden Lupinen, die ich am Waldrand abbrockte und der Mutter brachte. Mit einem bunten, ärmellosen Kleid, einer darübergebundenen schwarzen Samtschürze sitzt die Mutter, die Hände auf dem Schoß, am äußersten Rand des Tisches. Und ich, wie immer, neben ihr.

Zu Ostern bekam ich von meiner Taufpatin Tresl, meiner herzensguten und makabren Tante, den sogenannten »Osterhasen«, einen selbstgebackenen Marmorgugelhupf, der mit Staubzucker bestreut war und in dem ein Zehnschillingtaler steckte. Rund um den Gugelhupf lagen in einem grünen Papiernest gefärbte und mit Schweinsschwarte geglänzte Hühnereier, auf denen man in kleinen, aufgeklebten Bildern das Osterlamm mit der Auferstehungsfahne sehen konnte, kleine Schokoladeostereier und ein Schokoladeosterlamm, aber vor allem bekam ich zum Osterfest die Sonntagskleider und die Sonntagsschuhe fürs ganze Jahr. Wenn ein Anzug als Ostergeschenk vorgesehen war, fuhr ich mit der Tresl zwei Monate vor der Karwoche nach Paternion zum Schneider, in seine nach frischem Stoff und nach Zigaretten riechende, mit einem Kachelofen beheizte Werkstatt, der mit einem brüchigen, gelben, numerierten und mit vielen Strichen versehenen Band Maß an meinen Armen und Füßen nahm, mir das gelbe Band um die Hüften legte, sich vor mir niederkniete und mit zitternden Händen meinen Hosenschlitz abtastete. Einmal, als die Tresl wieder am Karsamstag mit dem Osterkorb kam – ich saß den halben Tag in der Küche unter dem Herrgottswinkel und wartete sehnsüchtig auf meine Gote –, umarmte zu meiner Überraschung meine unnahbare Mutter ihre Schwägerin und bedankte sich für die großzügigen Ostergeschenke. *Das anrührendste aller Lebenszeichen: die Scheu«*, steht in den Aufzeichnungen »Gestern unterwegs« von Peter Handke. Und über den Harscht der winterlichen Felder gehend, brachte ich in Dankbarkeit der kinderlosen Tresl, der ältesten Schwester meines Vaters, die gemeinsam mit ihrem Mann, einem Fabrikarbeiter vom Heraklithwerk in Ferndorf, der an Lungenkrebs starb, im Haus ihrer jüngeren Schwester wohnte, Tag für Tag eine Kanne voll frische Kuhmilch. Sie leerte die Kanne, schwemmte sie aber nie aus und legte die Lebkuchenkekse, die mürben Vanillekipferln und die Kokosmakronen ins braun emaillierte Gefäß. Wenn ich dann wieder über den Harscht der Felder, meine ersten Geschichten im Kopf schreibend, zurück nach Hause kam, waren die Kekse von den Resten der Milch angesoffen, viele waren bereits auseinandergefallen. Gemeinsam aßen die Mutter und ich am Küchentisch die leicht nach ranziger Butter schmeckenden Kekse auf.

Als der Großvater erfuhr, daß meine damals noch unverheiratete Mutter schwanger war, sagte er zu meinem zukünftigen Vater: »Ich möchte, daß du mein Haus nicht mehr betrittst!« Als dann eine Tochter, auf die Welt kam, die wie meine Mutter auf den Namen Maria getauft wurde, ging mein zukünftiger Vater wieder zu meinem späteren Großvater und bat um die Hand seiner Tochter. »Ich hab nichts dagegen«, sagte der seit dem Tod seiner drei im Krieg gefallenen Söhne nur mehr ganz langsam sprechende Großvater, »ich hab nichts dagegen, aber der Altersunterschied …, der Altersunterschied macht mir Sorgen!« Mein Vater war fast zwanzig Jahre älter als meine Mutter. Ihren Namen mußte die Mutter bei der Heirat nicht wechseln, denn die geborene Maria Winkler, vulgo Aichholzer, in Kamering, heiratete den Bauern Jakob Winkler, vulgo Enz, in Kamering. Der Umzug vom einen Hof zum anderen hatte nicht mehr als zweihundert Meter zu bewältigen. Auf dem Hochzeitsfoto steht sie in der Kirche neben ihrem angetrauten Mann mit einem Strauß Nelken, gemischt mit weißen Narzissen. Links und rechts vom Brautpaar stehen zwei weißgekleidete Mädchen mit weißen, knöchellangen Strümpfen, mit einem Strauß Nelken und Astern, dahinter die Verwandtschaft. Nachdem ihre drei Brüder im Krieg gefallen waren, zwei in Rußland, einer in Jugoslawien – oft fiel das Wort *gefallen*, wenn von ihren Geschwistern die Rede war –, verstummte die Familie vollkommen, niemand sprach mehr ein überflüssiges Wort, jahrzehntelang nicht. Sie hatten alle die Sprache verloren. Täglich explodierte der Krieg in ihnen. *»Trauer: Endlich bin ich ohne Meinung«*. Es war das stillste Haus im Dorf, und wohl eines der stillsten im ganzen Kärntner Drautal.

Meine verstummte Mutter lebte, nachdem sie geheiratet hatte, auf der Enznhube völlig zurückgezogen. Außer ihren beiden in Töplitsch wohnenden Schwestern, die sie auch von Zeit zu Zeit besuchte, lud sie nie jemanden zu einem Kaffee oder zu einem Tee, geschweige denn zu einem Mittagessen ein, jahrzehntelang nicht. Nach dem Tod ihres Vaters, der seine Frau, die ebenfalls Maria Winkler hieß, um anderthalb Jahrzehnte überlebte, besuchte sie ab und zu in ihrem Elternhaus ihren Bruder und ihre Schwägerin. Sie betrat kein anderes Haus im Dorf, nicht einmal im Pfarrhof ließ sie sich blicken. Ich dagegen tauchte mehrmals wöchentlich im Pfarrhof auf und bestaunte den im breiten, kühlen Flur an der Wand hängenden armlosen Jesus, der einst von zwei Männern über einen Wasserfall gestürzt worden war, und gab ihr die Geschichten weiter, die mir der Pfarrer erzählte. Der Pfarrer Franz Reinthaler barg nach der Freveltat den Torso aus dem Bach, die Arme blieben verschollen. Die beiden Frevler, so erzählte mir der Pfarrer, sollen im Hitlerkrieg ihre Arme verloren haben, mußten mit hölzernen Armprothesen leben, an denen eiserne Haken angebracht waren, und bis zu ihrem Lebensende von Frauen und Kindern gefüttert werden. Die Mutter ging nach der Heirat im Dorf Kamering in die Kirche und zurück direkt auf die Enznhube, mit Hostiengeschmack im Mund. Sie ging zum Gemüsegarten an der Friedhofsmauer und ging mit einem Büschel Petersilie und einem Büschel Maggikraut zurück auf die Enznhube, wo sie nichts zu sagen hatte. Sie ging auf den Friedhof, pflanzte weiße und rosa Fleischblumen aufs Grab ihrer Schwiegereltern und ging zurück auf die Enznhube, sie kehrte nirgendwo ein, niemals. Ich erinnere mich nicht, sie jemals im Haus ihrer Schwägerin gesehen zu haben, der Schwester ihres Mannes, meines Vaters. Einmal, so erzählte sie mir, sei sie als junge Mutter in den Heustadel gegangen und habe gesehen, wie sich mein

Vater und seine Schwester geküßt haben. Als sie auftauchte, seien beide, wie sie sich wörtlich ausdrückte, »erschrocken auseinandergeflogen«. Auch zwischen der Mutter und der taubstummen Magd Pine, die einmal mit der Pfarrgemeinde in einem Omnibus nach Lourdes gefahren war, gab es immer wieder deutlich wahrnehmbare, eifersüchtige Spannungen. Oft sprachen sie miteinander wochenlang kein Wort, schauten einander nicht einmal ins Gesicht. Die Mutter schob ihr wortlos den morgendlichen und abendlichen Malzkaffee mit einem fetten Krapfen unter die Nase und ignorierte sie, wenn sie, wie es hieß, »Essen protzte«, das zeitweise karge Essen kritisierte. »Den ganzen Tag arbeiten und nichts Gescheites zum Essen!« sagte die Magd in ihrer schwer verständlichen Ausdrucksweise. Zum Mittagessen wurde die Magd, die Worte von unseren Lippen ablesen konnte, ausschließlich von den Kindern gerufen. »Essen gehen!« sagten wir mit langsamen Lippenbewegungen, dabei Grimassen schneidend. Wenn die Mutter mit dem Vater über die Magd sprach, sagte sie öfter verächtlich: »Die Menscher!« Einmal erzählte sie mir, daß sie eigentlich davonlaufen, ihren Mann verlassen wollte, aber dann doch wegen der fünf Kinder geblieben sei, wieder alles wortlos und sprachlos geschluckt und geduldet habe. Mehrmals soll sie ihren Vater aufgesucht, sich bei ihm vertraulich beklagt haben, der sie aber, einmal unter den fallenden Herbstblättern des Gravensteinerapfelbaumes, einmal in der Hochsommerhitze vor dem mit rotgelben Früchten überladenen Marillenbaum, mit den Worten »Wird schon wieder werden! Wird schon wieder werden!« beruhigte und ihr empfahl, zu den Kindern zurückzukehren. Er gab ihr einen Korb voll Marillen mit auf ihren Kreuzweg am lotrechten Balken des kreuzförmig gebauten Dorfes, von der Aichholzerhube, ihrem Geburtshaus, zur Enznhube, wohin sie geheiratet hatte.

Als die Mutter mit ihrem sechsten und letzten Kind schwanger ging und die Tresl, die im elterlichen Schlafzimmer, unter dem großen, schweren eingerahmten Heiligenbild der Madonna sulla seggiola von Raffael, neben der Hebamme auch bei meiner Geburt dabeigewesen und die Nabelschnurreste auf dem Misthaufen entsorgt haben soll, wieder einmal zu Besuch kam, grinste der Vater und meinte, daß vielleicht nach dem sechsten Kind noch eines kommen könne. Da aber hörte ich die Mutter an der Küchentürschwelle in einer klaren Stimme und in strengem Tonfall sagen: »Na!« Sonst nichts, kein weiteres Wort und keinen weiteren Kommentar. Der Vater drehte sich wortlos um und ging in den Stall hinaus. Als er erfuhr, daß es wieder ein Bub *geworden* war, so der häusliche Sprachgebrauch, grinste er stolz, denn ein Bub war ihm lieber als ein Mädchen, er mußte sich keine Nachwuchssorgen für seinen Hof machen, er hatte nun fünf männliche Kandidaten, einer würde den Bauernhof schon weiterführen. Einen Tag ließ er sich Zeit, ehe er im Nachbardorf Paternion seine im Wochenbett liegende Frau besuchte und seinen fünften Sohn betrachtete. Während mein jüngerer Bruder und ich im Gebärhaus der Frau Patterer, der Hebamme des Bezirkes, das Neugeborene bestaunten, gab es sofort ein Gerangel zwischen uns, wer denn nun aufs Kind aufpassen solle, da die halbwüchsige Schwester und einzige Tochter in einem anderen Tal eine Haushaltungsschule besuchen würde. Da sagte die Mutter im Wochenbett, leicht stöhnend, mit hoher Stimme, aber dennoch bestimmend: »Der Seppl wird drauf aufpassen!« Vor der

Geburt ihres jüngsten Bruders bekam die Schwester, das älteste Kind, täglich Weinanfälle, da sie befürchtete, auf der Hube bleiben, der mit Haushalt, Kindern, Schweine- und Hühnerstall überforderten Mutter bei der Versorgung des Kleinkindes beistehen und auf ihre Weiterbildung verzichten zu müssen, denn es war öfter schon vom »Hausstock« die Rede, von einer, die zu Hause bleiben, den elterlichen Haushalt aufrechterhalten, auf ein eigenes Leben zu verzichten hatte. (An einem Weihnachtsabend, beim Aufputzen des Christbaumes erzählte die Schwester, daß sie zu Mittag in die Holzhütte hinausgegangen sei und dem holzhackenden Knecht zum Essen gerufen habe. »Was gibt's denn zu essen?« fragte er. »Was auf den Tisch kommt, wird gegessen!« antwortete sie. Daraufhin warf der wütende Knecht dem fliehenden Mädchen mit den langen Haarzöpfen das Hackbeil nach. Mehrere Meter weit rutschte die Hacke im Schnee neben ihren Füßen her.) Mit dem männlichen Nachzügler hatte der Vater eine kindische Freude und kokettierte mit ihm oft in der Kindersprache. Ich wurde nun endgültig der Mutter zugeteilt, kümmerte mich um das Neugeborene und half der Mutter im Haushalt, während die anderen Brüder dem Vater zugeteilt wurden, immer nach Stall, Wald oder frischem Heu rochen, wenn sie die Küche betraten und mich eifersüchtig und gehässig anschauten, denn ich wiegte verspielt das Kleinkind auf meinem Schoß, und sie bekamen vom Arbeiten Schwielen an ihren Händen. Es war für mich eine Erlösung, das Kindermädchen spielen zu dürfen, ich konnte dem Vater unauffällig aus dem Weg gehen, denn sein Lebens- und Arbeitsbereich war nicht meiner, wir konnten uns nicht mehr tagtäglich in die Quere kommen.

Zwei, manchmal auch drei Fünfzigliterkannen voll Milch transportierte der Vater am Morgen nach dem Melken mit dem sogenannten »Gummiwagen« – einem fahrbaren Eisengestell mit Gummirädern – zur Milchsammelstelle der Dorfbauern, wo von einem aus Spittal kommenden Molkereiwagen die gefüllten Milchkannen abgeholt wurden, wobei die Mutter mit einem handgeschriebenen Zettel, der am Deckel der Kannen eingezwängt wurde, Butter und Käse bestellen konnte. Die Kosten für Käse, Butter und Topfen wurden durch die Molkerei von den Beträgen für die täglichen Milchlieferungen abgezogen, es war damals auf dem Bauernhof wenig Bargeld in Umlauf, Würste und Speck wurden selber produziert. Das frische, oft noch heiße Brot bekamen wir von der Mühle, wo der Vater Tausende Kilo Getreide ablieferte. Ich setzte mich mit einem Jutesack in den Omnibus, fuhr nach Feistritz, schlichtete in der Mühle fünf, sechs heiße Brotlaibe in den Sack, schulterte ihn auf und ging wieder zum Omnibus. Oftmals war ein warmer Brotlaib eingebeult von meiner Schulter. Vom sogenannten »kleinen Milchgeld« kaufte die Mutter die Kleider für ihre Kinder und bezahlte, soweit es ging, auch die Monatsrechnung vom Gemischtwarenladen. Sie hatte mehrere Milchkunden, die täglich ein oder zwei Kannen voll frische Kuhmilch auf unserem Bauernhof abholten. Ohne die Bauernküche betreten zu müssen, nahmen die Milchkunden die vollgefüllte und im Flur auf einem Tischchen bereitgestellte Milchkanne und stellten für den nächsten Tag eine leere Kanne hin. Mit diesem Milchgeld fuhr sie nach Villach und ging ausschließlich ins Kleiderwarengeschäft Samonig, wo sie besonders zum Herrn Samonig Vertrauen hatte. Sie finanzierte damit die Weihnachtsgeschenke, Flanellhemden und Socken, die langen, dicken gedärmegrauen Flanellunterhosen, den Christbaumschmuck, Engelshaar und Lametta. Manchmal begleitete ich sie nach Villach und trug das dicke, schwere Kleiderpaket durch die Stadt. Am dicken Faden des verschnürten Pakets war eine kleine Papprolle eingehakt, an der ich das Paket mit den neuen Kleidern tragen konnte, ohne daß die Schnur in meine Hand einschnitt. Einmal mißbrauchte ich bei dieser Gelegenheit ihr Vertrauen aufs schäbigste. Wir waren nach dem Einkauf bei Samonig frühzeitig zum Busbahnhof gekommen und setzten uns in die düstere Wartehalle des gegenüberliegenden Zugbahnhofs mit ihrem dunklen, nach Öl riechenden Boden. Die dunklen Lehnen der Sitzbänke ragten weit über unsere Köpfe hinaus. Als die Mutter auf die Toilette ging und mir ins Ohr flüsterte: »Paß auf die Tasche auf!«, öffnete ich ihre schwarze, hart knisternde Handtasche mit dem Schlangenmuster und nahm einen Hunderter aus ihrer teigigweichen schwarzen Brieftasche, auf der Sterne aufgedruckt waren. Eine mich streng musternde Frau saß mir gegenüber, sagte aber kein Wort, als die Mutter wiederkam. Ich wußte nicht, ob sie es nicht doch bemerkte, als wir dann in den Omnibus stiegen und sie beim Chauffeur unsere Fahrkarten kaufte. Mir fiel nur auf, daß sie, ohne ein einziges Wort während der fast einstündigen Fahrt zu sagen, mit zusammengekniffenen Augenlidern aus dem Fenster auf Abertausende vorbeiflitzende Fichten schaute.

DREI

DIE WEIHWASSERVERKÄUFERIN IN DER KATHEDRALE DES
HEILIGEN VOLODYMYR IN KIEW ODER DAS TRAUERSPIEL
DER CHRYSANTHEMEN

»Die romanischen Engel stehen so da, als könnten sie nicht
wirklich fliegen, oder nur zu allen heiligen Zeiten – dann
aber! (Und ich dachte: ›wie wir‹)«, steht in den Aufzeichnungen »Gestern unterwegs« von Peter Handke. In Kiew,
in der Kathedrale des hl. Volodymyr, wo ich das erstemal
an einer Kirchenmauer Straßennamen und Hausnummer
lese: Boulevard Taras Schewtschenko, Nr. 20, findet ein
ukrainisch-orthodoxer Gottesdienst statt. Alte schwarzgekleidete Frauen gehen mit Bastkörben, ausgelegt mit
Leinen, das mit roten Kreuzen bestickt ist, zwischen den
vielen stehenden Gläubigen umher, um Opfergeld zu sammeln. Mit meinem Notizbuch und der Füllfeder mich
zwischen den Leuten durch die Menge drückend, stoße
ich auf einen Nebenraum, in dem auf einem großen, ge-
mauerten Sockel sich ein Kupferkessel befindet, aus dessen Mitte ein eisernes Kreuz hochragt. Eine alte Frau,
die ein violettes, mit roten und grünen Blumen besticktes
Wollkopftuch und einen knöchellangen schwarzen Ar-
beitsmantel trägt, schenkt während des Gottesdienstes an
die ununterbrochen hereinströmenden Gläubigen Weihwasser aus. Auf einem vor dem Weihwasserbehälter stehenden Tisch liegen zwei weiße Plastiktabletts mit Rand,

das eine ist mit Weihwasser gefüllt, auf dem anderen stehen verkehrt, mit dem Trinkrand nach unten, fünf durchsichtige Gläser mit Henkel. Hat jemand aus einem Glas getrunken, taucht die alte Frau die gebrauchte Trinkschale ins Wasser des einen Plastiktabletts und stellt sie wieder verkehrt neben die anderen Gläser aufs zweite Tablett. Ein Mann steckt zuerst Papiergeld in den Schlitz des vor dem Weihwasserbehälter stehenden Opferstockes und läßt sich danach aus einer Plastikkaraffe durch einen weinroten Trichter das Glas bis zum Rand füllen, macht zwei, drei Schlucke, schüttet den Rest in seine hohle Hand, beträufelt mit dem geweihten Wasser sein Gesicht und schlägt drei Kreuzzeichen auf Stirn und Brust. Anstatt Geld gibt eine alte Frau, die neben dem Weihwasserkessel, hinter dem mehrere große, leere Plastikflaschen liegen, auf einer Holzbank Platz genommen hat, der Weihwasser ausschenkenden Frau eine Faustvoll Bonbons, die sie zuerst an den Rand des Kessels legt, dann aber in ihrer auf dem Boden stehenden Tasche verschwinden läßt. Eine junge Frau, die mit dem Speichel der anderen nicht in Berührung kommen möchte, faßt das Glas am bauchigen Unterteil und setzt es an der Stelle an ihre Lippen, wo der Henkel angebracht ist. Das Wasser auf dem flachen Tablett, in das die gebrauchten Trinkgläser getaucht werden und in dem sich der Speichel der vielen Weihwasser trinkenden Gläubigen vermischt, schüttet die Weihwasserverkäuferin von Zeit zu Zeit in einen grünen Eimer neben ihren Füßen.

Eine junge Frau trinkt aus einem Glas, das sie in der rechten Hand hält, in der anderen hält sie, zwischen die Finger geklemmt, zwei lange, gelbe, dünne brennende Wachskerzen. Jedesmal, wenn ein heißer Wachstropfen auf ihren

Handrücken fällt, zuckt sie zusammen, trinkt schnell, damit sie das Glas absetzen kann. Eine andere Frau zeichnet über der gefüllten Trinkschale drei Kreuze, bevor sie das Weihwasser in einem Zug austrinkt. Zwei junge Männer, die schwarze, vergoldete, knöchellange Kutten tragen, zwei Meßdiener, die seit nun vier Stunden bei der Zeremonie des Gottesdienstes ausgeharrt haben, kommen erschöpft in den Raum und erfrischen sich mit Weihwasser, sie trinken schnell, hastig und viel. Als ich an dem aufgemauerten Weihwasserbehälter vorbei auf den dahinterstehenden Altar zugehen und die Heiligenbilder näher betrachten möchte, hält mich die Weihwasser ausschenkende Frau sofort zurück. Sie schaltet, als ich dann meinen Oberkörper vorbeuge und meinen Hals strecke, das Licht über dem Altar an, dreht es aber nach wenigen Sekunden wieder ab. Ein Bild mit grünlichem Stich zeigt die sitzende Mutter Gottes mit dem vor ihr stehenden zehnjährigen Jesuknaben, auf dem anderen Bild steht der erwachsene Jesus, der die Seele seiner verstorbenen Mutter in den Armen hält, vor dem Totenbett seiner aufgebahrten Mutter. Auf der anderen Seite des Raumes steht ein leerer Katafalk, der bis zum Steinboden hinunter mit einem schwarzen Tuch bedeckt ist, in das silberne Blumenornamente eingestickt sind. Auf dem Saum des Tuches befindet sich ein Silberstreifen mit eingestickten grauen Kreuzen. Hinter dem Katafalk, in einer Mauernische, wo eigentlich ein großes Heiligenbild hängen sollte, stehen übereinander zwei schwere, dunkelbraun gestrichene Heizkörper. Neben einem vergoldeten anderthalb Meter hohen Kerzenbehälter, in dem die vielen dünnen, sich in der Hitze nach allen Richtungen neigenden und biegenden gelben Kerzen brennen, steht ein weißer Keramiktopf mit weißen, großbuschigen Chrysanthemen, den »Allerheiligenblumen«, wie sie meine Mutter nannte, die sie zu Allerheiligen und Allerseelen in die Gräber ihrer Schwiegereltern einpflanzte. Auch auf die Fensterbänke der Küche stellte sie im Herbst in braunen Keramiktöpfen die buschigen, stark duftenden Chrysanthemen.

»Die Chrysanthemen beginnen zu blühen, wenn die anderen Blumen *fortgehen*, wenn sie sich verabschieden und wenn der Winter kommt«, sagte einmal die Mutter zu mir, als sie an der ratternden Singer-Nähmaschine saß und ich mich, den zugespitzten Bleistift in der rechten Hand, umdrehte und lange die gefiederten Blätter der Chrysanthemen betrachtete, mit der Bleistiftspitze in die Blütenmitte hineinbohrte. Oft roch es im Winter am Nachmittag in der stillgewordenen Küche, in der man nur das Rattern der Nähmaschine und das Kritzeln meines Bleistiftes hörte, nach Weihrauch und nach dem bitterharzigen Aroma der weinroten und bronzegelben Chrysanthemen. Ich hatte die farbigen, winzig kleinen Weihrauchkörner aus der Sakristei mitgebracht und auf die heiße Herdplatte gestreut. Mehrmals jährlich, als das Weihwassertrinken noch half, brachte ich der Mutter eine Flasche voll Weihwasser aus der Kirche. Ich drückte die grüne Glasflasche ins Weihwasserbecken und wartete, bis sie sich blubbernd gefüllt hatte, lief damit über den senkrechten Balken des kreuzförmig gebauten Dorfes, an ihrem Elternhaus vorbei, wo sie einst als Jugendliche im alten, längst abgerissenen Holzhaus in einem Zimmer geschlafen habe, in dem es den Schnee durch die Ritzen der Holzbalken auf ihre Bettdecke staubte. An einem Winternachmittag, als wir alleine in der Küche waren, sie wieder an der ratternden Nähmaschine saß, aus einem kleinen klumpigen Schnapsgläschen mit einem aufgeklebten Enzian Weihwasser getrunken hatte und ich mit meinen Bleistiften, die auf dem Fensterbrett stehenden Chrysanthemen in meinem Rücken, am Küchentisch saß und meine ersten Geschichten schrieb, erzählte sie mir, daß ihre Großmutter im Ersten Weltkrieg einen Sohn auf dem Schlachtfeld verloren und sich das Leben genommen habe, weil sie Angst davor hatte, daß ihre schwangere Tochter, die wegen einer Infektion bettlägrig wurde, auch – wie viele junge Frauen im Kärntner Drautal – an der Spanischen Grippe erkranken und sterben könnte. Ihr Mann war vom Viehhandel nach Hause gekommen, suchte seine Frau in Haus und Stall, bis ihm die grippekranke Tochter mit heiserer Stimme den Hinweis gab, daß sie schon wieder auf den Dachboden gegangen sei. Der Großvater meiner Mutter ging über die steile, knarrende Holzstiege des Dachbodens, erblickte, noch ehe er die letzte Stufe erklommen hatte, das demütig auf die Brust gesenkte Haupt seiner Frau, ging auf ihren mit einem Kalbstrick strangulierten Körper zu und rief: »Oba Muata! Oba Muata!« »*Zurbarán, jetzt sehe ich eines seiner Bilder doch noch: Die Nasenscheidewand des Gekreuzigten – vom Todeskampf fast entzweigerissen*«. Dieses Ereignis soll die Mutter meiner Mutter lange verschwiegen und erst im Zweiten Weltkrieg erzählt haben, nachdem sie erfahren hatte, daß ihr dritter Sohn gefallen war. Nach dieser Todesnachricht fiel meine Großmutter am Gartenzaun, vor den reihenweise blühenden, meterhohen Gladiolen in Ohnmacht und wurde von ihrem Mann, dem die Knie weich wurden, ins Haus getragen. Als sie wieder zu sich gekommen war, eine Kerze angezündet und alle Hausinsassen länger als eine Stunde laut für die Seelen ihrer drei gefallenen Söhne gebetet hatten, erzählte sie weinend das erste Mal vom Selbstmord ihrer Mutter. Einige Wochen nachdem mir die Mutter in der nach Chrysanthemen und Weihrauch riechenden Küche, immer wieder aufmerksam auf meinen Bleistift und auf meine Hände schauend, diese Geschichte erzählt hatte, verlangte sie kein Weihwasser mehr. »Die Nerven!« stöhnte sie, »die Nerven! Ich kann mir nicht helfen! Ich kann mir nicht helfen!« Es war die Zeit des Übergangs vom Weihwasser zum Nervenarzt, den sie jahrzehntelang nicht mehr loswerden sollte.

Das allerletzte Weihwasser brachte ich ihr, vor ihrem offenen Grab stehend, ein halbes Jahrhundert später, tropfenweise mit dem alten Weihwasserpinsel meiner Kindheit, wenige Tage nachdem sie nach dem Mittagessen im engen Flur des Bauernhauses, in dem sie über sechzig Jahre gelebt und gearbeitet hatte, mit dem Besen in der Hand ausgerutscht und zu Boden gefallen war, sich einen Oberschenkelhalsbruch zugezogen hatte, sich nicht mehr hatte erholen können und im Alter von 87 Jahren an einer Thrombose im Krankenhaus in Spittal an der Drau gestorben war. Dem mich erstaunt musternden, einen muffigen grauen Mantel tragenden, ständig an einer selbstgedrehten Zigarette ziehenden Bestattungsgehilfen drückte ich eine Weihwasserflasche in die Hand und bat ihn, daß er sie ihr in den Sarg legen möge. »Lourdes-Wasser?« fragte er. »Nein, nur vom Dorf!« antwortete ich. Er fragte mich, ob ich ihr selber die Weihwasserflasche *mitgeben* möchte. »Nein«, antwortete ich, »ich möchte die tote Mutter nicht mehr sehen!« »Ich werde schon schauen! Ich werde schon schauen!« sagte er gebetsmühlenartig und schaute mich treuherzig an. Er wollte eine Belohnung, ich öffnete meine rote Brieftasche und drückte ihm einen Geldschein in die Hand. »Ich werde schon schauen! Ich werde schon schauen!« Als ich mich bei ihm verabschiedete, ohne ihm dabei die Hand zu geben, denn ich hatte Angst, daß sie nach einer Leiche riechen könnte, fragte er mich, ob ich schon einmal in Lourdes war. Auch er sei noch nie in Lourdes gewesen, habe sich aber über das Pfarramt in Paternion eine weiße, hohle Madonnastatue aus Plastik mit Lourdeswasser schicken lassen. »Auf dem Kopf«, sagte er, »hat sie eine goldene Krone, die kann man aufdrehen. Man kann das Weihwasser herausschütten, und man kann auch nachfüllen.« Beim Begräbnis meiner Mutter in ihrem Heimatdorf Kamering, nach der kirchlichen Aussegnung, als man ihren Sarg mit den auf dem Deckel sich bewegenden Blüten der roten Nelken aufschulterte, zum ausgeschaufelten Erdloch auf den Friedhof hinaustrug und sich ihr Kopf im Sarginneren das allerletztemal bewegte, tauchte ich den alten, großen, hölzernen Weihwasserpinsel mit den zusammenklebenden silbernen Borsten, den ich als Erzministrant unzählige Male in die Hand genommen hatte, in den kupfernen, eingebeulten Wasserkessel und spritzte das Weihwasser dreimal im Zeichen des Kreuzes ins offene Grab auf ihren bereits abgesenkten Sarg, auf die von den schweren Weihwassertropfen nachzitternden Blütenblätter der Rosen und der Nelken.

Ein Mann betritt in Kiew, in der Kathedrale des heiligen Volodymyr, mit einem kleinen Jungen die Weihwasserkapelle, läßt sich eine zwei Liter große Mineralwasserflasche mit dem heiligen Wasser füllen und steckt ein paar Scheine in den Schlitz des Messingopferstocks. Der kleine, bleiche Junge hat weit abstehende Ohren und tiefe Ringe unter den Augen. Als er einen dritten Schluck aus dem Trinkglas nehmen möchte, nimmt ihm der Vater murrend das Glas aus der Hand und trinkt den Rest des Weihwassers aus. Eine kleine, dickliche, hochschwangere Frau mit einem roten Haarschwanz, die ein schwarzes Kopftuch trägt, auf dem grauweiße Rosenblüten aufgedruckt sind, trinkt gemeinsam mit ihrem ebenfalls kleinwüchsigen, dicken Begleiter aus dem Weihwasserglas. Ein kleiner, dicklicher Junge mit einem gelben Plastikrucksack auf der Schulter, auf dem der Name des Hundefutters »Pedigree« groß aufgedruckt ist, läßt sich eine große Colaflasche mit Weihwasser füllen. Als ich bei einem zweiten Versuch, die Heiligenbilder auf dem Altar genauer zu betrachten, wieder näher ans Weihwasserbecken herantrete und die Verbotsschwelle überschreiten möchte, winkt mich die Weihwasserverkäuferin mit der Karaffe, die sie in den großen Kupferkessel eingetaucht hat, um Weihwasser zu schöpfen, wortlos und strengen Blicks zurück. *»In meiner Begier, zu sehen, zu sehen, werde ich noch einmal aus dem Fenster, von einem Felsen, aus dem fahrenden Zug stürzen?«* Mit einem bis zum Rand gefüllten Trinkglas geht ein Mann vorsichtig ein paar Schritte nach hinten, verbeugt sich vor der auf dem Totenbett liegenden Mutter Gottes und dem erwachsenen Jesus, der die Seele seiner verstorbenen Mutter in den Armen hält, bekreuzigt sich dreimal und trinkt das überschwappende und auf sein Schuhwerk tropfende Weihwasser in einem Zug, hockt sich nieder, berührt die Weihwasserreste auf seinen schwarzen Lederschuhen und macht noch einmal drei Kreuzzeichen. Während in der Hauptkirche Hunderten Gläubigen die Heilige Kommunion ausgegeben wird, trinken Mutter und Tochter aus einem Glas. Die Mutter bricht von einem kleinen, weißen, geweihten Brotfladen mehrmals ein kleines Stück ab und gibt es ihrer Tochter. Die herabfallenden Brotbrösel sammelt die Frau mit Daumen und Zeigefinger von ihrem veilchenfarbenen Pullover und steckt sie zwischen ihre Lippen. Mutter und Tochter verbeugen sich mehrmals, bekreuzigen sich, trinken wieder einen Schluck Weihwasser und singen im Chor »Halleluja! Halleluja!«

Als die fünfstündige ukrainisch-orthodoxe Messe zu Ende geht und ich auf der anderen Seite der Hauptkirche in eine Kapelle eintrete, sehe ich auf einem Altar große, weißverpackte Brote liegen, in denen jeweils eine lange, dünne brennende Kerze steckt. Der Priester liest den einen handgeschriebenen Wunschzettel nach dem anderen in Anwesenheit der ihn umstehenden Brotspender vor. Mit einem langstieligen Schaber kratzt eine Frau unter dem hohen Kerzenbehälter das auf den Marmorboden tropfende Wachs der sich nach allen Richtungen biegenden, dünnen, brennenden Kerzen zusammen, wischt die klebrigen, warmen Reste mit einem feuchten Tuch auf und schüttet die Kerzenreste in einen schon halb mit abgeschabtem Wachs gefüllten Blecheimer hinein.

»Ich bin das siebente Geißlein.
Ich steckte im Uhrenkasten.
Als mich meine Mutter fand, war sie schwarz
vom Suchen. Wie der Wolf.«

Ilse Aichinger/Brüder Grimm,
Der Wolf und die sieben jungen Geißlein

Die Zitate auf den Seiten 8, 10, 18, 34, 46, 60, 98, 108, 120, 130, 140 und 150 stammen aus: Shichiro Fukazawa: »Narayama-bushiko. Schwierigkeiten beim Verständnis der Narayama-Lieder«, Waldgut Verlag, Frauenfeld 1998.